# 「デジタル・マーケティング超入門」

日本一詳しいWeb集客術

ぱる出版

目次

■ **第2章** ■
## 「Webマーケティング」とどう違う？

## ■ 第 3 章 ■
## 「パノラマ・デジマ 5 原則」を押さえれば「売上 2 倍」も夢じゃない！

## ■ 第4章 ■
## 「知っているか否か」が "命運" を分ける！ 重要ポイント5選

■ 第5章 ■
## デジタルマーケティングは誰でもできる！ 成果も出る！

企画協力：潮凪洋介（HEART LAND.Inc）

編集協力：成川さやか

# 第0章

# パノラマ・デジマ地図

「集客や売上アップには『デジタルマーケティング』の活用が効果的だと聞いた。でもデジタルマーケティングが一体どういうものなのか、よくわからない。体系的にまとまった、わかりやすい本があればなぁ…」

　もしかしたら、あなたは、このような思いを抱いて、本書を手に取ったのではないでしょうか。

　きっと「集客や売上アップを実現するには、Webの活用が欠かせない」という事実については、じゅうぶんに理解していると思います。

　巷には「バズるSEO記事の作成方法」「フォロワーが激増するSNS投稿のポイント」「クリック数が3倍になるバナー広告の出稿方法」「ファンを増やすオウンドメディアの運用方法」といったコンテンツがあふれていますから、こうした情報にタッチしたこともあったはずです。わかりやすく解説したWeb記事や本が多いため、知識習得に役立ったことでしょう。

　でも、集客アップや売上拡大にはつながらなかった。もしくは今一歩、踏み出せなかった——それが、あなたの現状なのではないかと推測します。
　なぜ、Web集客に関する知識を深めても、成果を出せない人が多いのでしょうか。

　**その理由は、Web集客で実行すべきことのうち、"ほんの一部分"**

しか、取り組んでいない人が、圧倒的に多いからです。

「SEO 記事を 100 本書けば、売上が 3 倍！」「毎日の Instagram 投稿で年商 1 億円を達成！」——こういった単一の施策による成功例は、それほど多くありません。100% デタラメではありませんが、SEO 記事を量産しただけ、毎日 Instagram を投稿するだけで、売上がアップする確率は高くないのです。

それでは、どうすれば、お客さんを集めたり、売上をアップしたりできるのでしょうか。

**結論をいえば「Web 集客の全体像を理解したうえで、自社に必要な施策をステップバイステップで一つずつ実行していく」**に尽きます。

個人事業主が年商 1 億円を達成したり、中小企業が問い合わせ件数を 5 倍に増やすためには、これ以外の正攻法はありません。

自社の商品やサービスに合った手法を厳選し、コツコツと小銭貯金をするように実行していく。これが、集客や売上の向上を目指すうえで欠かせない視点なのです。

## "Web 集客の全体像" が 5 秒でわかる！ 「パノラマ・デジマ地図」

「Web 集客の全体像」を理解するうえで役立つのが、私が提唱する「パノラマ・デジタル・マーケティング地図（略称：パノラマ・デジマ地図」

(P.18) です。これは、デジタルマーケティングの全体像と、おおまかな流れを表した概観図です。

　デジタルマーケティングの全体像が、1枚のフロー図でまとめられているため、誰でも「デジタルマーケティングとは一体何なのか」が、一目でわかるようになります。

　「デジタルマーケティングが何なのか、よくわからない」という人は、この概観図を頭にインプットすることから始めてみてください。

　デジタルマーケティングへのアレルギー反応は「モヤモヤしていて、なんだかよくわからない」という感覚から生じます。概観図を理解できるようになれば「デジタルマーケティングは決して複雑なものではない」「一つずつ手順を踏んでいけばいいのだ」と思えるはずです。第1章の冒頭から詳しく解説していきますので、ご覧いただければと思います。

## 8割の専門家が見落としている！
## 「パノラマ・デジマ5原則」

　また、デジタルマーケティングを実施するうえで、心に留めていただきたい重要な視点が5つあります。それは「パノラマ・デジマ5原則」です。5つのポイントを押さえられるか否かが、デジタルマーケティングの成功を大きく左右します。詳細は第3章「『パノラマ・デジマ5原則』を押さえれば『売上2倍』も夢じゃない！」を、チェックしてみてください。

## パノラマ・デジマ5原則

① 競合に負けている「自社の弱み」を抽出する

② 見込み顧客に「ギブ・ストーキング」する

③「メディア露出逆算型」のプロジェクトを作る

④ 異業種企業とのアライアンスで「相互送客」

⑤「永続雇用」ではない「外部専門家」と組む

本書で取り上げる内容について、もう少し詳しく説明しましょう。私が皆さんにお伝えしたい主張は、以下の通りです。

## 【デジタルマーケティングで取り組むこと】

◎ まずは「パノラマ・デジマ地図」を頭にインプットしよう

◎ 商品・サービス・ターゲットに合わせてSNSを使い分けよう

◎ 企業や担当者の"人となり"や"人肌感"をにじませる
　情報発信を行おう

◎ 他社とのアライアンスによる「話題性のあるニュース」で
　知名度を拡大しよう

◎ ランディングページ（LP）は「共感・信頼性（口コミ）・お得」
　を盛り込もう

◎ デジタルマーケティングは"魔法の杖"ではないことを知ろう

最初はクエスチョンマークだらけかもしれません。しかし、本書では、デジタルマーケティングの全体像を俯瞰し「取り組むべきSTEP順」にあなたが行うべき施策を解説します。

一歩一歩、あなたのペースで、読み進めていただければ、本書を読み終えた頃には「デジタルマーケティングは決してむずかしいものじゃ**ない。自分たちでも、じゅうぶん実行可能だ**」と思えることでしょう。

本書でお伝えする「正しい手順」でデジタルマーケティングを実行すれば、どんな会社も、個人事業主の方も、集客や売上アップを実現することが可能です。デジタルマーケティングについて、興味がわいた方は、ぜひ本書を読み進めてみてください。

---

### 【デジタルマーケティングによって得られる成果の例】

● 「不動産会社×オウンドメディア運用」

　1,000件以上／月の問い合わせに加えて、6ヵ月で業界最大規模の「8万人」もの会員獲得に成功。月に1億円ほど物件を販売できたほか、1年間で50億円の出資も獲得。デジタル化により、株価も10倍以上となった

● 「証券会社×クラウドファンディング×Facebook運用」

　3,000万円の出資につながる

● 「ステーキ店×入れ歯の製作会社」によるコラボ（X（旧Twitter））

　売上が前年比120％になる

● 「クリニック×LINE」

　LINE上の広告を活用することで、友だち（見込み顧客）が350％アップ。クリニックの予約件数も120％増となる

● 「菓子メーカー × TikTok 運用」

　TikTok を活用したキャンペーンで「商品の売上拡大」や「ブランドイメージの向上」につながる（総再生回数は 2,700 万回）

---

## 「デジタルマーケティング」という "最強の武器" を手に入れよう

---

　ご挨拶が遅れました。森和吉（もり かずよし）です。青森県八戸市出身です。本書をお手に取ってくださり、誠にありがとうございます。このご縁に、感謝申し上げます。

　私は、週刊誌の編集者を経験後、通信キャリアの公式サイトの立ち上げやソーシャルゲームの開発・運用、不動産会社のデジタルマーケティング事業の立ち上げなどを経て、2019 年に独立し「株式会社吉和の森」を設立しました。

　現在は、20 社ほどのクライアント企業様に対して、デジタルマーケティングに関するコンサルティング支援を行っています。加えて、「ウェブ解析士マスター／チーフ SNS マネージャー」の資格を生かして、各種セミナーで教鞭をとっています。毎月「SNS マネージャー養成講座」の講師を務めるほか、大手消費財化学メーカーで 300 名を対象に、ウェブ解析士養成講座を開催することもあります。

　ちびまる子ちゃんや、ドラえもんの世界にあるような "のんびりと

した生活"に憧れつつも、目まぐるしい日々を過ごしている今日この頃です。

　余談ですが、電話口で「『株式会社吉和の森』の森です」と告げると、3回に1回は「吉和様ですね」と間違われるのが、ちょっとした悩みです。ユニークな社名にしたことを、ちょっとだけ後悔しています…。

　本書は、「**自社の商品・サービスに合ったデジタルマーケティングの手法を身につけて、売上を倍増させたい**」といった悩みを抱いている方に、集客や売上アップのヒントを携える本です。少しでも興味がある方は、ご一読ください。私の経験が少しでもあなたのお役に立てられましたら、これ以上に嬉しいことはありません。

　あなたも、デジタルマーケティングという"最強の武器"を手に入れて、売上を2倍、3倍、5倍と、増やしていきましょう！

## パノラマ・デジマ地図

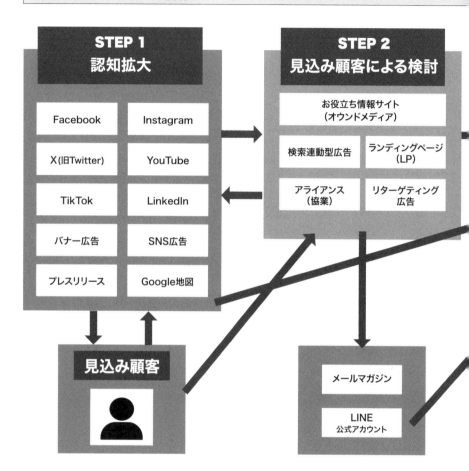

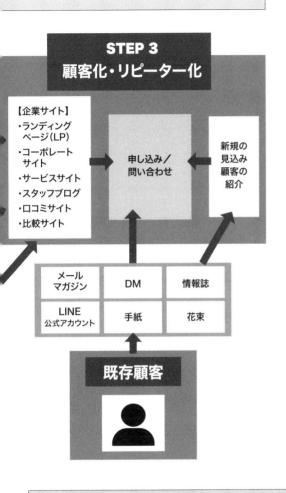

## STEP 3
## 顧客化・リピーター化

【企業サイト】
・ランディング
 ページ(LP)
・コーポレート
 サイト
・サービスサイト
・スタッフブログ
・口コミサイト
・比較サイト

申し込み／
問い合わせ

新規の
見込み
顧客の
紹介

| メール<br>マガジン | DM | 情報誌 |
|---|---|---|
| LINE<br>公式アカウント | 手紙 | 花束 |

### 既存顧客

---

### パノラマ・デジマ5原則

① 競合に負けている「自社の弱み」を抽出する

② 見込み顧客に「ギブ・ストーキング」する

③「メディア露出逆算型」のプロジェクトを作る

④ 異業種企業とのアライアンスで「相互送客」

⑤「永続雇用」ではない「外部専門家」と組む

## パノラマ・デジマ式・カスタマージャーニーマップ

| STEP | STEP 1 | STEP 2 | |
|---|---|---|---|
| | 一般認知 | 見込み顧客による検討 | |
| **Phase** | Phase 1 | Phase 2 | Phase 3 |
| | メディア接触 | 「疑問点・不明点」の解消 | 「不安点・懸念点」の解消 |
| **見込み顧客の心理** | 「おしゃれな家に住みたいな」 | 「注文住宅のメリットって何だろう?」<br><br>「注文住宅って、どういう流れで進行するんだろう?」 | 「『ここだけの情報』があると、安心だな」<br><br>「『プロ目線』の役立つ情報はないかな」 |
| **見込み顧客のアクション** | 自分の「好き」に合致する商品をSNSで検索する | 「注文住宅　メリット」<br>「注文住宅　キッチン」<br>「注文住宅　間取り」<br><br>などのキーワードで検索する | ・「メールマガジン」を購読する<br><br>・「無料セミナー」に参加みる |
| **マーケティング担当者のアクション** | SNS (Instagram) の更新 | 「お役立ち情報サイト (オウンドメディア)」での情報発信 | 無料のプレゼントをフックに「メールマガジン」への登録を促す |
| **目標とする顧客の心理変化** | 「注文住宅って、おしゃれでいいなー」<br><br>「おしゃれな家を建てるならば注文住宅がいいんだな」 | 「へぇ〜知らなかった!ためになるサイトだな」<br><br>「このオウンドメディア、参考になるなー」 | 「どこにもない情報を提供してくれてありがとう」<br><br>「わかりやすいサイトだ。信頼できるな」 |
| **タッチポイントの例** | ・SNS<br>(X(旧Twitter)、Instagram,TikTokなど)<br>・バナー広告<br>・SNS広告 | ・お役立ち情報サイト<br>・検索連動型広告<br>・企業アライアンス企画 | ・メールマガジン／ LINE公式アカウント |

## （「おしゃれな家」を建てる「注文住宅会社」の場合）

| | STEP 3 | |
|---|---|---|
| | 顧客化・リピーター化 | |
| **Phase 4** | **Phase 5** | **Phase 6** |
| 「企業の信頼性」「商品の魅力」をチェック | 顧客化 | リピーター化・ファン化 |
| 「信頼できそうだけど、ちゃんとした会社かな？」<br><br>「とっても素敵な商品だけど、どんな会社なのかよくわからない」 | 「この会社の商品なら、間違いなさそうだ」<br><br>「この商品を購入しよう」 | 「この会社で、注文住宅を購入してよかった」 |
| 「企業名」「商品名」<br>「注文住宅　比較サイト」<br>「〇〇工務店　口コミ」<br><br>などのキーワードで検索する | 「無料相談会への申し込み」を行う | ― |
| インターネット上のコンテンツを充実させる<br><br>・会社のホームページ<br>・サービスサイト<br>・口コミ情報サイト<br>・見積比較サイト | 問い合わせフォームの最適化 | 「ファン化」を目指す<br><br>・「感謝の手紙」を送る<br>・無料の「定期メンテナンス」<br>・大工手作りの「子ども用の椅子」をプレゼント |
| 「この会社に任せれば、失敗しないだろう」<br><br>「フレンドリーで親しみやすそうな会社だな」 | 「どんな提案が受けられるか、楽しみだな」 | 「お返しに口コミを投稿しよう」<br><br>「友人にも紹介しよう」<br><br>「リフォームのときに、また依頼しよう」 |
| ・コーポレートサイト（企業サイト）<br><br>・スタッフブログ<br>・口コミ情報サイト | ・問い合わせフォーム | ・メールマガジン／ LINE 公式アカウント<br><br>・ダイレクトメール<br>・情報誌（「月間〇〇通信」など） |

第1章

# 9割の人が
# 「デジタルマーケティング」の
# 全体像がわからない

## そもそも「デジタルマーケティング」とは一体何なのか？

　皆さん、こんにちは。デジタルマーケティング・コンサルタントの森です。本書では、デジタルマーケティングを成功に導く重要ポイントを、余すことなくお伝えしていければと思います。

　**それでは早速、デジタルマーケティングの教室を開講します。**

　さて、本書をお手に取っていただいたということで、恐らくあなたは「デジタルマーケティングの手法を身につけて、**集客アップや売上アップを叶えたい**」と考えているのではないでしょうか。

　しかし「デジタルマーケティングとはそもそもどういうものなのか？」「今までのマーケティングとは、どう違うのか？」などについて、モヤモヤとした疑問を抱いているかもしれませんね。

　こういった疑問を抱く人の多さは、TIS株式会社が実施したデジタルマーケティングに関する調査でも明らかになっています。「自社にとってデジタルマーケティングは重要だと思うか？」という問いに対して「とても重要」「どちらかと言えば重要」と回答した人の割合は「95.3％」である一方、**「知見が足りていない」と回答した人が37.3％にものぼっています**。約3人に1人のマーケティング担当者は、デジタルマーケティングについてよくわかっていないのだと考えられます。

　ですから、まずは「デジタルマーケティングとは何か」について、しっかりと頭に入れることから始めていきたいと思います。

デジタルマーケティングの定義は、以下の通りです。

●デジタルマーケティングの定義

　主にインターネット上で接点を持ち、効率的に多くの「見込み顧客」を集客したり、会社・ブランド・商品などへの「信頼感」を醸成することで「売上アップ」につなげるマーケティング手法

平たく言い換えれば「デジタルを活用して集客・売上アップを目指すマーケティング手法」と表現できます。といっても、どういうものなのか、イメージが湧きづらいかもしれませんね。

ここで「デジタルマーケティングとは何か」に対する解像度を一気に高めたいと思います。活用するのが「パノラマ・デジマ地図」（P.18）です。「デジタルマーケティングの全体像」と「おおまかな流れ」を1枚にまとめた概観図です。この地図にある通り、デジタルマーケティングは、大きく分けて「認知拡大」「見込み顧客による検討」「顧客化・リピーター化」の3つのSTEPがあります。

【パノラマ・デジマ地図　3STEP】
【第1STEP】認知拡大
【第2STEP】見込み顧客による検討
【第3STEP】顧客化・リピーター化

最初になんらかのメディアで、企業と見込み顧客が接点を持ち（＝【第1STEP】認知拡大）、オウンドメディアで疑問点や不安点を解消したり、メールマガジンなどでさらなる情報収集を行い（＝【第2STEP】見込み顧客による検討）、商品を購入する（＝【第3STEP】顧客化・リピーター化）という一連の流れを図式化したのが「パノラマ・デジマ地図」です。

　この「3STEP」の枠組みを作り、テレアポなどのプッシュ型営業を行わなくても、自動的に集客や売上アップを実現するのが、デジタルマーケティングの真髄です。そして、この「3STEP」を、理解しやすいように「6phase」に分解したのが「パノラマ・デジマ式・カスタマージャーニーマップ」（P.20・21）です。この一覧表を用いて、デジタルマーケティングの全体像を詳しく解説していきます。

| パノラマ・デジマ式・カスタマージャーニーマップ | | | |
|---|---|---|---|
| STEP1 | 認知拡大 | phase1 | メディア接触 |
| STEP2 | 見込み顧客による検討 | phase2 | 「疑問点・不明点」の解消 |
| | | phase3 | 「不安点・懸念点」の解消 |
| | | phase4 | 「企業の信頼性」「商品の魅力」をチェック |
| STEP3 | 顧客化・リピーター化 | phase5 | 顧客化 |
| | | phase6 | リピーター化・ファン化 |

　カスタマージャーニーマップとは、見込み顧客が商品を認知してから購入に至るまでの「心理・行動の変遷」をまとめた一覧表のことです。

カスタマージャーニーマップを頭に入れておくと、顧客が商品を認知してから購入に至るまでの各フェーズにおいて**「そのとき、顧客がもっとも欲しい情報は何か」**が理解できるようになります。

　デジタルマーケティング担当者であるあなたが、顧客に対して**「どのようなコンテンツを提供すればよいのか」「どんなコンテンツが刺さるのか」**がわかるようになるため、**効果的なマーケティング施策を実行できるようになるでしょう。**

　本書では「シンプルモダンな注文住宅をオーダーメイドで建てられる」のがウリの工務店が、世帯年収 1,000 万円のパワーカップル（30代前半）をターゲットに、「各フェーズでどんなアプローチを行うのか」を解説します。

---

**【 注文住宅会社がデジタルマーケティングを 】**
**実施した場合のペルソナ**

● **性別**
　女性（注文住宅の場合、夫よりも妻が決裁者になることが多いため、妻をペルソナに設定）

● **年齢**
　32 歳

---

● **地域**

埼玉県

● **未婚／既婚**

既婚

● **年収**

400万円（世帯年収は1,000万円）

● **職業**

食品メーカーで広報を担当

● **趣味**

雑貨店でおしゃれなインテリアを集めるのが趣味。
最近は夫婦や友人家族とのキャンプにはまっている

● **状況**

ペルソナは、食品メーカーに勤務する女性。3年前に同じ会
社で5歳年上の男性と知り合って結婚した。住宅情報誌や
インテリア雑誌などを眺めるなかで、ぼんやりと「おしゃ
れな家に住みたい」という願望を抱くようになった。子ど
もが生まれる前に、今住んでいる賃貸のマンションから、
緑がきれいな郊外に引っ越して、家を建てたいと考えてお
り、夫にも意向を伝えている。Instagramで「おしゃれな家」
に関する情報を収集している最中である

## 【第1STEP】認知拡大

第1STEPの「認知拡大」では、「潜在顧客」にアプローチするのがポイントです。潜在顧客とは、自分のなかにある願望やニーズがぼんやりとしていたり、明確になっていないが、自社商品のユーザーになる可能性がある人たちのことです。注文住宅の場合、漠然と「おしゃれな家に住みたい」と思っているような人たちが「潜在顧客」となります。

自分の欲求や願望を、うまく言語化できていない潜在顧客に対して、彼らが求めているコンテンツや情報を提供し、自社の商品・サービスへの興味を開花させる一連の流れを「リードナーチャリング（顧客育成）」といいます。デジタルマーケティングでは「商品の購入」という最終ゴールを達成させるために、終始一貫して、リードナーチャリングに力を注ぐのが大きな特徴です。

今回のペルソナの場合、「自分にとって "おしゃれな家" とはどんな家なのか」といったことすら、わかっていない可能性があります。そのような潜在顧客には「おしゃれな家に住む」という夢を実現するのに役立つ情報を提供するのがポイントです。ただし、おしゃれなマンションを紹介しても意味がありません。あくまで「おしゃれな家に住むならば、注文住宅がいい」ということを伝える情報を提供することが大切です。

注文住宅会社が発信する情報を浴び続けるなかで「おしゃれな家に住むならば、この工務店が作るような家がいい」と考えるようになる

かもしれません。この段階で潜在顧客は、自社にとっての「見込み顧客」に成長したと考えられます。こういったプロセスを積み重ね、商品購入につなげるのが、リードナーチャリングです。リードナーチャリングに成功すれば、見込み顧客を効率よく集客できます。

じっくりと時間をかけて有益な情報を与え続けるなかで、自社商品への興味を引きつける。そして自発的に問い合わせる状態を作る—— そういった意識でコミュニケーションすることを心がけてみてください。

すぐには反響が得られないこともあるでしょう。しかし、家を建てるタイミングが訪れたときに「素敵な家を作る会社があったな」と思い出し、会社に問い合わせる可能性があります。

認知拡大のフェーズは「種まきの段階だ」と思って、顧客に有益な情報を発信することに専念してください。「見込み顧客のストックを増やす」「焦らず、一歩一歩、着実に」という心がまえで、気長に取り組むことが大切です。

## ● phase1：メディア接触

| パノラマ・デジマ式・カスタマージャーニーマップ | | | |
|---|---|---|---|
| STEP1 | 認知拡大 | phase1 | メディア接触 |
| STEP2 | 見込み顧客による検討 | phase2 | 「疑問点・不明点」の解消 |
| | | phase3 | 「不安点・懸念点」の解消 |
| | | phase4 | 「企業の信頼性」「商品の魅力」をチェック |
| STEP3 | 顧客化・リピーター化 | phase5 | 顧客化 |
| | | phase6 | リピーター化・ファン化 |

> ● phase1：「メディア接触」で行うこと
> ① SNS で情報発信を行う
> ② 「バナー広告」を出稿する
> ③ SNS 広告を出稿する

### ① SNS で情報発信を行う

　潜在顧客と出会うための手段はさまざまあります。**代表的な手段の一つとしては「SNS」が挙げられます。**ターゲットの興味を引く投稿を行って、自社への興味を引きつけるのです。

　注文住宅会社の場合、「素敵な注文住宅の写真」や「注文住宅で家を建てるメリット」などを Instagram に投稿するのが一つの考えです。また、1〜2分程度で読める「お役立ち情報」を発信するのも手です。**Instagram は、ペルソナである 30 代の女性が情報収集の手段に用いることが多い SNS だからです。**潜在顧客が「今、知りたい」と渇望する情報を発信することで、潜在顧客の興味・関心を自社に引きつけます。

「SNS」を使った情報発信例

● Instagram で「おしゃれな注文住宅の施工事例」や「注文住宅によって叶えられたおしゃれなライフスタイル」の写真を投稿する

30代前半の女性が、日常的な情報収集の手段として利用することが多いSNSである「Instagram」に、注文住宅への興味を喚起する写真を投稿する

**【投稿する写真例】**
・おしゃれな注文住宅の施工事例
・アイランドキッチンで料理をする写真
・庭で家庭菜園を楽しむ写真
・庭で犬が嬉しそうに走っている写真
・夫婦共同の大きな書斎で読書をする写真
・子ども部屋に取り付けたハンモックで子どもが遊んでいる写真

**【目標】**
ターゲットに「おしゃれな家を建てるならば注文住宅がいい」「おしゃれな家を建てる住宅工務店がある」といったことを認知させる

## ● Instagram で「注文住宅のメリット」を訴求する

漠然と「おしゃれな家を建てたい」と考えているターゲットに対して「注文住宅を選ぶメリット」などのお役立ち情報を発信することで、注文住宅のよさ・魅力を知ってもらう

### 【投稿する情報例】
・おしゃれな家を建てたいならば「注文住宅」を選ぶべき理由3つ
・「注文住宅　VS　建売住宅」徹底比較
・注文住宅で建てた家の見どころ「BEST5」
・注文住宅のメリット・注意点

### 【目標】
ターゲットに「おしゃれな家を建てたいならばマンションや建売ではなく注文住宅がベストである」と認知させる


## ②「バナー広告」を出稿する

　SNS 投稿によるリードナーチャリング（顧客育成）は、結果が出るまでに時間がかかるものです。「すぐに見込み顧客を増やしたい」という場合には、「バナー広告」と「検索連動型広告」を組み合わせるのがおすすめです。SNS 運用よりも、短期間で見込み顧客を集めることができるケースが多いからです。

　具体的には「バナー広告」でまとまった母数のターゲットに、自社

商品の存在を認知させつつ（＝認知拡大）、自社商品に興味がありそうなターゲットに向けて「検索連動型広告」を出稿することで、問い合わせにつなげます。

　バナー広告とは、Web サイトやアプリ上の「広告エリア」に表示されるイメージ広告のことです。「GDN（Google ディスプレイネットワーク）」と「YDA（Yahoo! 広告ディスプレイ広告）」があります。検索ユーザーが1クリックするごとに課金される「クリック課金」が一般的です。

　GDN の場合、YouTube や Gmail 上の広告枠のほか、Google アドセンスの提携サイトなどにも掲載されます。

　一方 YDA は、Yahoo! JAPAN のトップ画面や Yahoo! JAPAN の各種サイトのほか、提携する企業サイトなどにも掲載されます。

　広告の露出先はさまざまです。以下のようなセグメント方法により、商品・サービスを効率よく認知できます。

---

**バナー広告の出稿エリア例**

**①キーワード（＝ Web サイトのテーマ）**

　キーワードに関連する Web サイトに出稿する。例えば「ペッ

---

トフード」というキーワードを指定した場合、ペットフード
関連の Web サイトに出稿できる

## ②トピック

Google が用意するトピックを選択すると、そのトピックに
関連したWebサイトに表示される。例えばトピックに「クルマ」
があれば自動車関連の Web サイトに掲載される

## ③プレースメント（＝掲載メディア）

Web サイト、YouTube チャンネル、YouTube 動画、グル
メサイト、ブログなど掲載したいメディアを指定できる

## ④インタレスト（＝テーマ）

検索ユーザーの行動履歴にもとづいて、広告を出稿する。
例えば「健康食品」に興味があるユーザーに「健康サプリ」
の広告を出稿する

## ⑤ユーザー（＝顧客データ）：

性別・年齢・子どもの有無などの顧客データにもとづいて、
広告を出稿する

例えば、注文住宅会社が、GDN（Google ディスプレイネットワーク）の
バナー広告を出稿する場合。以下のようなアプローチが考えられます。

「バナー広告」を使った広告宣伝例

　自社が運営するオウンドメディアで、もっともクリック数が高かった「注文住宅の施工写真」を用いたバナー広告を制作して、GDN（Google ディスプレイネットワーク）に出稿することで、ターゲットに商品を認知させる

【目標】
　バナー広告を通じて、ターゲットに「おしゃれな家が建てられる住宅工務店があること」を認知させる

　人気の注文住宅雑誌が運営しているオウンドメディアの「広告枠」に、バナー広告を出稿するのも一つの考えです。オウンドメディアなどが提供する広告枠は**「純広告」**と呼ばれています。

　GDN などに出稿する場合と比べると、割高なことが多いですが、ターゲットとマッチしたメディアであれば、大きな認知拡大効果が期待できるため、おすすめです。

　なお、ブランドイメージを重視するオウンドメディアの場合、商品やサービスの内容によっては出稿できない場合があります。そのため、複数の出稿希望先をリストアップしておくことが大切です。

　一方「検索連動型広告」は、一般的に「リスティング広告」と呼ばれているテキスト広告のことです。Google や Yahoo! の検索エンジン

上で、検索されたキーワードにひもづいて表示されます。検索連動型広告については「phase2：疑問点・不明点の解消」（②「検索連動型広告」を出稿する）で詳述します。


### ③SNS広告を出稿する

認知拡大のためには「SNS広告」を出稿するのも手です。例えば、Instagram広告の場合、ユーザーの属性を細かく絞り込めるため、集客効果が得られやすい点でおすすめです（Facebook広告も細かくターゲットの絞り込みが行える有力な広告の一つです）。具体的には「地域／年齢／性別／属性（学歴・家族構成など）／行動（端末の種類・利用目的など）」などの項目で、ターゲットを絞り込めます。出稿エリアは以下の通り、4つあります。いずれかを選択して出稿してみましょう。

#### ●フィード
フィードとは、ユーザーがフォローしているフォロワーの投稿がズラズラと掲載されているエリアのことです。X(旧Twitter)にある「タイムライン」と同じようなものです。フィードは、Instagramのアプリを開いたあと、すぐに目にする場所なので、ユーザーにみてもらいやすい点でメリットがあります。

#### ●発見タブ
虫眼鏡マーク（検索ボタン）にある投稿をタップ後、スクロールした先にある広告です。フィード広告と同じような体裁で表示されてい

ます。常日頃から、情報収集の手段に Instagram を用いるようなアクティブユーザーにアプローチできるため、集客につながりやすい出稿エリアです。

●リール

リールは、ショート動画を閲覧・投稿できるエリアです。スマホなどのデバイスサイズいっぱいに表示されるため、インパクト重視で広告を出したいときにおすすめです。

●ストーリーズ

ストーリーズの投稿エリア内に、ストーリーズの一つとして、広告が掲載されます。リールと同様、スマホなどのデバイスいっぱいに表示されるため、インパクト重視で広告を出稿したいときにおすすめです。日本におけるアクティブアカウントの70%がストーリーズをみているというデータもあり、集客効果が期待できる広告枠の一つです。

【見込み顧客の心理変化】

「phase 1：メディア接触」を経て、見込み顧客の心理は以下のように変化します

● Before：
「おしゃれな家に住みたいな」
↓

● After：

「注文住宅って、おしゃれでいいなー」

「注文住宅だと、こんな家も作れるんだ」

「こんなにおしゃれな家を作れる会社があるんだ」

---

【「『時間 or お金』のどちらに比重を置くのか？」が
重要な問いである！】

　SNS 運用による集客では、少なくとも半年〜１年以上の時間
を要します。「早く集客したい」という場合、毎月一定の広告
費（20 〜 30 万円以上が目安）をかけられるのであれば「バナー
広告」と「検索連動型広告」も組み合わせて、見込み顧客を集
めましょう。

　デジタルマーケティングの施策全般にいえることですが、究極
的には「時間をかけるか？　お金をかけるか？」の二択になると
いうことです。双方を天びんにかけて、自社にとってベストなバ
ランスを検討してみてくださいね。

●時間をかけられる（≒予算はあまりない）
　＝成果が出るまで「半年〜１年以上」待つことができる
　→「SNS 運用」を中心とした集客を行う

●お金をかけられる（≒スピード重視／確実に集客したい）

＝スピーディに成果を上げたい

→「SNS運用」に加えて「デジタル広告」を出稿したり「外部の専門家」からアドバイスをもらうなどして、スピーディかつ確実に集客する

## 【第2STEP】見込み顧客による検討

第2STEPは「見込み顧客による検討」です。ここでは、SNS等によるリードナーチャリング（顧客育成）の結果、「おしゃれな家を建てるならば注文住宅がいい」と考えるようになった見込み顧客に対して、**一歩踏み込んだ情報発信を行うことで、「メールマガジン」や「LINE公式アカウント」(以下『LINE公式〜』に省略)などへの登録に結びつけるのが目標となります。**

一歩踏み込んだ情報発信の具体例としては「注文住宅で満足度の高い土地を探すスーパーテクニック」「注文住宅で後悔したこと『ワースト5』」「失敗しない注文住宅を建てる方法」といったコンテンツを、オウンドメディア（お役立ち情報サイト）に投稿することが挙げられます。

なぜ、「失敗しないため」や「後悔しないため」といったコンテンツを発信する必要があるのでしょうか。**それは、商品価格の大小にかかわらず、私たち人間は「商品購入で失敗したくない」と強く考える生き物だからです。これは、顧客心理の原理原則として知っておきたいことです。**

あなた自身も、インターネットやSNS、口コミサイトなどで「失敗しないためのポイント」「成功する秘訣」「口コミで人気の商品」「満足度の高いサービス」を、時間をかけて、探し回った経験はないでしょうか。こうした行為の根底には必ず「満足のいく買い物がしたい」という心理が潜んでいます。だからこそ、失敗回避につながる情報を発信することが重要なのです。信頼できる家族や友人からの情報ならば「買い物で失敗することはないだろう」と思うものですよね？そんな信頼できる人になるのが、このフェーズで目指したいことです。

　「商品購入で失敗したくない」という視点は、改まって言うほどのことではないように思えるかもしれません。しかし、デジタルマーケティングにおいては、非常に重要な視点です。ぜひ、頭に入れておいてくださいね。

## ● phase2：「疑問点・不明点」の解消

| パノラマ・デジマ式・カスタマージャーニーマップ | | | |
|---|---|---|---|
| STEP1 | 認知拡大 | phase1 | メディア接触 |
| STEP2 | 見込み顧客による検討 | **phase2** | **「疑問点・不明点」の解消** |
| | | phase3 | 「不安点・懸念点」の解消 |
| | | phase4 | 「企業の信頼性」「商品の魅力」をチェック |
| STEP3 | 顧客化・リピーター化 | phase5 | 顧客化 |
| | | phase6 | リピーター化・ファン化 |

● phase 2：「疑問点・不明点の解消」で行うこと

① 「お役立ち情報サイト（オウンドメディア）」で情報発信を行う
② 「検索連動型広告」を出稿する


### ① 「お役立ち情報サイト（オウンドメディア）」で情報発信を行う

　「phase 1：メディア接触」を経て、見込み顧客は「おしゃれな家を建てるならば、注文住宅がいいだろう」と考えるようになりましたが、まだ、注文住宅についてよくわかっていないことが多い状態です。**そのため、さらなる情報収集を行って、疑問に感じていることや、わからないことについて、情報収集したいと考えている可能性が高いです。**

　そのため「お役立ち情報サイト（オウンドメディア）」で、見込み顧客の疑問点・不明点の解消につながるコンテンツを提供します。お役立ち情報サイトとは、なんらかのテーマに関する「お役立ち記事（SEO記事）」が掲載されているサイトのことです。見込み顧客の疑問に答える「有益な情報」を発信することで、見込み顧客との間に信頼関係を醸成し、問い合わせにつなげるのが狙いです。

　このフェーズでは、「**この会社は、知識ゼロの私にもわかりやすく解説してくれる。信頼できるな**」「**あの人に聞けば、わからないことがあっても、きっと解決できる**」と思われる存在になることを目指しましょう。

この状態になったときに初めて、顧客の頭のなかにある「問い合わせしたい会社リスト」のうちの1社になれます。

---

**注文住宅に関する「お役立ち情報サイト（オウンドメディア）」での情報発信例**

　注文住宅に関するお役立ち情報サイト（オウンドメディア）を運営して、ターゲットの疑問を解消するSEOコラムを合計50〜100本発信する

**【投稿する情報例】**
・注文住宅で家を建てる際の間取り5選
・注文住宅で「子ども部屋」を作る際に押さえたいポイント7つ
・注文住宅の「キッチン」を選ぶ際のポイント
・注文住宅で満足度の高い土地を探すスーパーテクニック
・注文住宅で後悔したこと「ワースト5」
・失敗しない注文住宅を建てる方法
・「大きな書斎がある家」を建てる際の注意点
・参考にしたい！　注文住宅の施工事例6選

**【目標】**
　ターゲットが、オウンドメディアに対して「信頼感」や「安心感」を抱くようになり、「メールマガジン」や「LINE＠」に登録する

---

## ②「検索連動型広告」を出稿する

　「phase 2 ／疑問点・不明点の解消」では、**「検索連動型広告」**に出稿するのも手です。「検索連動型広告」とは、検索エンジンで検索される「キーワード」に連動して表示される広告のことです。

　例えば Google や Yahoo! などの検索エンジンで「注文住宅」と検索すると、検索結果の上方などに「広告」と書かれた検索結果が表示されるかと思います。こういったものが「検索連動型広告」です。あなたも目にしたことがあるのではないでしょうか。

　なぜ、このフェーズで「検索連動型広告」を出稿するのがよいのでしょうか。**それは、検索連動型広告が「顕在顧客（＝自社の商品やサー**

ビスを購入する可能性がある見込み顧客）」にアプローチができる宣伝手法だからです。

　例えば「注文住宅　おしゃれ」といったキーワードで検索する人は「おしゃれな注文住宅に住みたい」と思っており、ニーズが「顕在化」しています。その人自身が「自分の欲しいもの」を、しっかりと自覚できているため、おしゃれな注文住宅を手がける注文住宅会社にとって「顕在顧客」であるといえます。こういった人たちには、建売やマンションよりも「注文住宅が優れている理由」を説明したりする必要がないため（＝リードナーチャリングのコストが低いため）、比較的短期間で問い合わせにつながる可能性があります。だからこそ、検索連動型広告の出稿を行うのが得策なのです。

　「すぐに顕在顧客を集めたい」という場合には、検索連動型広告への出稿を検討してみましょう（一般的に「検索連動型広告」は、「リスティング広告」と呼ばれていますが、厳密には「リスティング広告」には「検索連動型広告」と「ディスプレイ広告（バナー広告など）」の双方が含まれます。そのため、ここでは「検索連動型広告」という表記で統一します）。
　具体的な出稿テクニックは第4章の「『バナー広告』と『検索連動型広告』の使い分け方」で詳述します。併せて、ご覧ください。

**「検索連動型広告」への出稿例**
　・「おしゃれな注文住宅」を建てたい見込み顧客が検索する可

能性が高いキーワードで「検索連動型広告」を出稿する。広告の
リンク先には「ランディングページ（LP）」を設置して「メルマガ登
録」「LINE公式〜」「問い合わせ」などにつなげる。ランディングペー
ジ（LP）には「工務店のこだわり」「工務店が選ばれる理由」「注
文住宅の施工例」「よくある質問」などのコンテンツを用意する

**【出稿するキーワード例】**

・注文住宅　おしゃれ

・注文住宅　オシャレ

・おしゃれな注文住宅

・注文住宅　おしゃれ　外観

・注文住宅　おしゃれ　内装

・注文住宅　おしゃれ　ハウスメーカー

・注文住宅　おしゃれ　間取り

・注文住宅　おしゃれ　工務店

**【目標】**

ランディングページ（LP）で、自社の魅力を伝えることで、
興味を喚起し「メールマガジン」「LINE公式〜」「問い合わせ」
につなげる

**【見込み顧客の心理変化】**

「phase 2：疑問点・不明点の解消」を経て、見込み顧客の心

理は以下のように変化します

● Before：

「注文住宅のメリットって何だろう？」

「注文住宅の間取りって、自分で考えなきゃいけないのかな？」

「子ども部屋を作る場合、どんなことに気をいいんだろう？」

「注文住宅で家を建てると、どれくらい時間がかかるんだろう？」

「注文住宅で失敗したくない。押さえるべきポイントって何？」

　　↓

● After：

「へぇ〜、知らなかった！ためになるサイトだな」

「このオウンドメディア、参考になるな」

● phase 3：「不安点・懸念点」の解消

| パノラマ・デジマ式・カスタマージャーニーマップ | | | |
|---|---|---|---|
| STEP1 | 認知拡大 | phase1 | メディア接触 |
| **STEP2** | **見込み顧客による検討** | phase2 | 「疑問点・不明点」の解消 |
| | | **phase3** | **「不安点・懸念点」の解消** |
| | | phase4 | 「企業の信頼性」「商品の魅力」をチェック |
| STEP3 | 顧客化・リピーター化 | phase5 | 顧客化 |
| | | phase6 | リピーター化・ファン化 |

　このフェーズにいる見込み顧客は、疑問点や不明点が解消されて、ある程度スッキリしている状態ですが「注文住宅で本当に大丈夫なのか」については、もう一歩というところです。また「この会社に依頼して大丈夫だろうか」という点についても、気になっている可能性が高いです。そのため、見込み顧客の不安や懸念を払拭するような情報を提供して「この会社ならば大丈夫だ」と確信させることが重要です。

　おすすめなのが、**メールマガジンや LINE 公式～による情報発信です。LINE 公式～とは、不特定多数に対して、一斉に情報を発信できるメルマガの一種です。**
　メールマガジンや LINE 公式～は「あなたに向けて特別な情報を発信している」という雰囲気を醸し出しやすく、信頼感を醸成するのに役立つコンテンツである点で、おすすめです。

　とりわけ LINE 公式～の場合、日頃利用する機会の多い LINE と体裁が同じであるため、個人チャットのような雰囲気があります。**気軽に質問しやすい媒体なため、不安点や懸念点の払拭に最適です。**

　「顧客との距離を縮めたい」というときには、LINE 公式～を活用しましょう。

## 「メールマガジン」や「LINE公式~」による情報発信例

　「LINE公式~」で、注文住宅を建てる際に知っておくとよい「ここだけのお得情報」や「自社の実績」を紹介するほか「期間限定キャンペーン」のオファーを行うことで「問い合わせ」や「申し込み」につなげる。また「いつでも質問大歓迎です」といったアナウンスをすることで、気軽に質問しやすい雰囲気を作る

### 【投稿する情報例】
- 専門家だけが知っているマル秘情報
- お客様へのインタビュー動画
- お客様から寄せられた声（直筆のアンケート結果など）
- 魅力的な施工実例
- 当社が選ばれている理由
- 注文住宅を手がける工務店の選び方
- 月末までの期間限定キャンペーン（割引）

### 【目標】
　ターゲットが自社に対して「信頼感」や「安心感」を抱て、実際の「問い合わせ」や「申し込み」につながる

【見込み顧客の心理変化】

「phase 3：不安点・懸念点の解消」を経て、見込み顧客の心理は以下のように変化します

● Before：

「インターネット上にある情報だけだと、なんとなく不安。もう一歩踏み込んだ『ここだけの情報』があるといいな」

「注文住宅の購入で失敗したくない。もっと役立つ情報はないかな」

⬇

● After：

「どこにもない情報を提供してくれてありがとう！」

「この会社は、知識ゼロな私にも、わかりやすく有益な情報を解説してくれる。信頼できるな」

【「メールマガジン」や「LINE公式～」の登録数を劇的に増やすために「リードマグネット」を用意して "ギブ・ストーキング" しよう！】

　「メールマガジン」や「LINE公式～」の登録を促したり、「メールアドレス」などの顧客情報を取得するために押さえたい重要なポ

イントがあります。**それは「リードマグネット」です。**

　リードマグネットとは、メールマガジンや LINE 公式~などを登録してくれた顧客に対して、そのお礼に提供するプレゼントのことです。有名な化粧品メーカーの CM などで「初回問い合わせのお客様に無料サンプルをプレゼントしています」といった宣伝文句が流れているのを聞いたことがあるのではないでしょうか。このように、顧客リストを獲得するためのフックとして提供するプレゼントがリードマグネットです。

　リードマグネットを提供することで、顧客リストを獲得できる確率が大幅にアップします。このリードマグネットは、メールマガジンやLINE 公式~で情報を提供している最中にも、提供すればするだけ、反響が得られる確率が高まる点でも、おすすめです。

　提供回数は1回よりも2回、3回と多い方がよいですし、高品質でお客様が喜ぶリードマグネットを提供する方が、反響が高まる傾向があります。**私はリードマグネットをたくさん提供することを「ギブ・ストーキング」と名付けています。ロイヤリティ形成や問い合わせアップを実現するうえで、非常に重要な施策の一つです。**

ギブ・ストーキングについては第3章「『パノラマ・デジマ5原則』を押さえれば『売上2倍』も夢じゃない！」(②見込み顧客に「ギブ・ストーキング」する)でも詳述します。併せてチェックしてみてください。

## 【リードマグネットのオファー例】

### ●注文住宅会社の場合

「家族みんなが満足する注文住宅を建てるコツ」の小冊子

### ●化粧品メーカーの場合

化粧品の無料サンプル（1週間分）

### ●健康食品／サプリのメーカーの場合

健康食品の無料サンプル（2週間分）

### ● Webデザイナー養成講座の場合

現役デザイナーが「年収1,000万円超えのデザイナーになるコツ」を解説する無料セミナー

### ●エステサロンの場合

30分の施術が受けられるお試しチケット3回分

## ● phase 4：「企業の信頼性」「商品の魅力」をチェック

| パノラマ・デジマ式・カスタマージャーニーマップ | | | |
|---|---|---|---|
| STEP1 | 認知拡大 | phase1 | メディア接触 |
| STEP2 | 見込み顧客による検討 | phase2 | 「疑問点・不明点」の解消 |
| | | phase3 | 「不安点・懸念点」の解消 |
| | | phase4 | 「企業の信頼性」「商品の魅力」をチェック |
| STEP3 | 顧客化・リピーター化 | phase5 | 顧客化 |
| | | phase6 | リピーター化・ファン化 |

---

● phase 4：「企業の信頼性や商品の魅力をチェック」で行うこと

①「会社のホームページ」や「サービスサイト」に掲載する情報を充実させる
②「口コミ情報サイト」や「見積比較サイト」に情報を掲載する

---

①「会社のホームページ」や「サービスサイト」に掲載する情報を充実させる

このフェーズにいる見込み顧客は、ある程度、会社に対して信頼を寄せている状態です。しかし「本当に信頼できる会社なのか」については、もう少し知りたいと思っています。そのため、会社やスタッフの様子などについて、インターネットで検索する可能性が高いです。「信

頼に足る会社である」ということを理解してもらえるように、企業ホームページ（コーポレートサイト）などを充実させることが大切です。要は**「会社の信頼性を伝えるコンテンツ」**を提供する必要があるということです。

　商品やキャンペーン内容が魅力的だったとしても、「問い合わせ窓口がない」「代表者名が掲載されていない」といった理由から、商品の購入をためらった経験はないでしょうか。何らかの商品を購入する前に「会社情報」や「会社の評判」をチェックするという方も、少なくないはずです。

　そのため、信頼に値する会社であることを伝えるコンテンツを、しっかりと用意しておくことが大切です。これは意外と見落とされやすい視点です。ぜひ、覚えておいてくださいね。

---

**「会社のホームページ」に掲載する情報例**

　会社ホームページ（コーポレートサイト）に掲載する情報を充実させることで、信頼感を醸成する

**【掲載する情報・対策例】**
・会社概要（代表者名、住所、資本金、顧問弁護士、顧問税理士など）
・代表者あいさつ（代表者の写真つき）
・会社の年表
・ユーザーインタビュー（お客様から寄せられた声）

- ・成功事例／導入実績
- ・カスタマーサポートセンターの電話番号
- ・オンライン問い合わせ窓口の設置（チャットボットなど）

　**スタッフブログを日々、更新するのもたいへんおすすめです。** スタッフブログとは、会社の従業員が日々の出来事をつづるブログのことです。どんな商品を買うにせよ、最後は「その商品や会社のことが好きか」が、購入するか否かを判断する「拠りどころ」になります。どんなに高品質で素晴らしい商品だったとしても、商品や会社に対して「嫌い」という感情を抱いたら、購入には至らないものです。あなたも、思い当たる経験はないでしょうか。

　**そのため、スタッフの「人となり」や「人肌感」を感じさせるような情報を発信して、会社のことを好きになってもらうことが大切です。** 一例としては、従業員のささやかな日常を投稿するのがおすすめです。

**投稿するタイトル例（注文住宅会社の場合）**

- ・今年は新入社員が8名入りました！
- ・今日のランチは中華丼を食べました♪
- ・会社の近くの桜が咲いたのでお花見に行きました
- ・社員○○が釣り上げたアジでアジフライパーティをしました♪
- ・近所の商店街の夏祭りに行ってきました
- ・注文住宅を購入する方にお伝えしたい大事なこと

・田中邸の上棟式が行われました♪

・佐藤邸の住宅見学会にお越しくださり、ありがとうございました！

　なお、X(旧Twitter)は、スタッフブログと同じように、企業の人となりを知ってもらうのに有効なSNSです。ブログかXのいずれかを投稿してみてください。毎日、投稿できるのがベターですが、むずかしければ週に3記事程度でもよいと思います。

## ②「口コミ情報サイト」や「見積比較サイト」に情報を掲載する

　**「口コミ情報サイト」や「見積比較サイト」への掲載も有効な手段の一つです。**信頼性のある第三者サイトで、いい点（メリット）／悪い点（デメリット・注意点）に関する「正直な口コミ」や「評価」があれば、見込み顧客は冷静な視点で買い物ができると感じるからです。

　「たしかにデメリットはあるけれど、自分にとっては大きな問題ではない。メリットの方が大きいから、商品を購入しよう！」といった具合に、意思決定をうながす一押しになることがあります。

　例えば、取引先との会食に使うレストランを検討する場合。「食べログ」などの口コミサイトの「星評価」をチェックしたことはないでしょうか。女性であれば、化粧品を購入する際に「@cosme」などの口コミサイトを閲覧する人が多いかもしれません。旅行する際は「じゃらん」などのOTA（オンライントラベルエージェント）サイトに掲載されて

いる口コミを確認する方もいると思います。

　このように、多くの人は、あらゆる情報を比較検討することで、安心して買い物をしたいと願うものです。繰り返しお伝えしている通り、どんな人も潜在的には「商品購入で失敗したくない」という思いを抱えながら、買い物をします。そのため、「口コミ情報サイト」に情報を掲載して、間違いのない会社だと思ってもらうことが大切です。

　なお、高額商品は「価格面で損をしたくない」というニーズが高まりやすいため、「見積比較サイト」に登録するのがおすすめです。

---

### 「口コミ情報サイト」や「見積比較サイト」への情報掲載例

　「口コミ情報サイト」や「見積比較サイト」に情報を掲載することで、信頼感を醸成する

**【掲載する情報例】**
・商品・サービスに関する口コミを集める
・見積比較サイトで商品・サービスの相見積を受け付ける

**【目標】**
　ターゲットが自社に対して「信頼感」や「安心感」を抱き、実際の「問い合わせ」や「申し込み」につながる

---

【見込み顧客の心理変化】

「phase 4：企業の信頼性・商品の魅力をチェック」を経て、
見込み顧客の心理は以下のように変化します

● Before：
「この会社に依頼してみたいけれど、ちゃんとした会社なのかな？」
「あの商品、とっても素敵だけど、どんな会社が提供している
んだろう？」
「あの会社の商品、競合他社の商品よりも優れているのかな？」

● After：
「この会社、安心して依頼できそう」
「この会社に任せれば失敗しないだろう」
「この会社、スタッフが皆、フレンドリーで親しみやすそうだな」
「この会社の商品、品質も間違いなさそうだ」

## 【第3STEP】顧客化・リピーター化

　最終STEPが「顧客化・リピーター化」です。このSTEPにいる顧
客は、じゅうぶんに商品や会社について理解し、あらゆる疑問・不安
が解消された状態になっています。ある程度、ロイヤリティ（信頼関係）

が形成されているといえるでしょう。見込み顧客は「この会社の商品ならば、間違いなさそうだ」「サービスを購入したとしても、失敗する確率は低いだろう」と考えているため、商品やサービスの購入に至る可能性が高いです。そのため、あとは申し込みをするだけです。

しかし「ただ申し込みフォームを用意して待っているだけ」というのは禁物です。申し込む気が満々とはいえ、さまざまな要因によって、離脱してしまう可能性があるからです。

また、顧客になったあとも、継続的に商品を購入してもらったり（＝リピーター化）、より付加価値の高いを紹介する（＝アップセル／クロスセルを行う）など、売上拡大に向けた「打ち手」を考えていくことが大切です。

顧客には「離脱対策×リピート率の向上×顧客単価の向上」を実施して、「新規獲得」や「売上アップ」を目指しましょう。

## ● phase 5：顧客化

| パノラマ・デジマ式・カスタマージャーニーマップ | | | |
|---|---|---|---|
| STEP1 | 認知拡大 | phase1 | メディア接触 |
| STEP2 | 見込み顧客による検討 | phase2 | 「疑問点・不明点」の解消 |
| | | phase3 | 「不安点・懸念点」の解消 |
| | | phase4 | 「企業の信頼性」「商品の魅力」をチェック |
| STEP3 | 顧客化・リピーター化 | phase5 | 顧客化 |
| | | phase6 | リピーター化・ファン化 |

・「EFO（問い合わせフォーム最適化）対策」を行う

　「phase 5：顧客化」にいる見込み顧客に行いたいのは**「EFO（問い合わせフォーム最適化）対策」**です。「問い合わせフォーム」の入力完了率を高めるための施策を実行します。

　例えば、あなたが注文住宅の購入を検討していて、無料相談を利用したい場合。どちらの方が、入力完了率が高いと思いますか。

パターン ①：名前、住所、電話番号、メールアドレス、
　　　　　　　家族構成、性別、メルマガ登録の確認、
　　　　　　　当社を知ったきっかけ、面談候補日

パターン ②：名前、電話番号、メールアドレス、面談候補日

　この場合、パターン②の方が入力完了率が高くなります。なぜならば、入力項目が少ないからです。まだ本契約に至っていない状態で、たくさんの個人情報を提供するのは気が引けてしまい、心理的に負担感があるものです。可能な限り、入力項目は減らし、必要最低限の項目にとどめましょう。

入力完了率を高めるためには、以下のような施策もあります。参考にしてみてください。

---

● EFO（問い合わせフォーム最適化）対策の例

・リンクやバナーをなくす
　問い合わせフォームのページには、リンクやバナーなど離脱につながる要素は極力なくす。例えば、プライバシーポリシーが長文になる場合は、ポップアップにするのが手

・レスポンシブ対応を行う
　スマホから入力しやすくする（見やすい文字サイズ、タップしやすいボタンサイズにするなど）

・入力補助を行う
　ブラウザに保存されている Cookie 情報にもとづいて、氏名や電話番号などを自動出力する、郵便番号を入力したら市町村が自動で出るようにするなどして、離脱を防ぐ

・即時「エラー箇所」をアナウンスする
　リアルタイムでエラーを表示する（すべて記入し、完了ボタンを押したあとに入力不備のエラーが表示されると、離脱につながりやすいため）

---

・全角・半角の自動切換え

　フォーム側で自動切換えができるようにしておく（人間の
目には、全角・半角の違いがわかりづらい）

【目標】

　滞りなく「問い合わせフォーム」の入力が完了する

---

【見込み顧客の心理変化】

「phase 5：顧客化」を経て、見込み顧客の心理は以下のよう
に変化します

● Before：

　「この会社に申し込もう」

　「この商品を購入しよう」

　↓

● After：

　「問い合わせが完了した。これからどんな提案が受けられるか、

　　楽しみだな」

## ● phase 6：リピーター化・ファン化

| パノラマ・デジマ式・カスタマージャーニーマップ | | | |
|---|---|---|---|
| STEP1 | 認知拡大 | phase1 | メディア接触 |
| STEP2 | 見込み顧客による検討 | phase2 | 「疑問点・不明点」の解消 |
| | | phase3 | 「不安点・懸念点」の解消 |
| | | phase4 | 「企業の信頼性」「商品の魅力」をチェック |
| STEP3 | 顧客化・リピーター化 | phase5 | 顧客化 |
| | | phase6 | リピーター化・ファン化 |

---

### ● phase 6：「リピーター化・ファン化」で行うこと

① 「心と心でつながれる"ハートウォーミング"な提案」を行う
② 「LTV（顧客生涯価値）の向上につながる施策」を行う
③ サポート窓口を「マルチチャネル化」する
④ 「お友達紹介キャンペーン」を行う

---

① 「心と心でつながれる"ハートウォーミング"な提案」を行う

相手を思いやる接客などにより、好印象を残すことができれば（＝よい顧客体験を提供できれば）、顧客はリピーターになったり、ファンになったりします。ファンとは、競合商品よりも価格が高かったり、

多少スペックが劣っていたとしても、その会社の商品を購入する人たちのことです。人はなんらかのかたちで心が動いたとき、商品を購入しようと思うものです。その視点が、ファンづくり（＝ロイヤルカスタマー化）において欠かせないポイントです。そういった顧客を一人でも多く増やすことができれば、継続的な売上拡大につながります。

　「phase 6：リピーター化・ファン化」にいる顧客に対して、デジタルマーケティング担当者が行うべきことは「より強固な信頼関係の構築」です。「納品したらそれで終わり」ではなく、持続的に顧客と接点を持ち、心と心のつながりを絶やさないようにしましょう。そうした関係づくりによって、顧客は追加の依頼をしたり、友人や家族などを紹介してくれたりするようになります。

●心と心でつながれる "ハートウォーミング" な提案
　（注文住宅会社の場合）

- 小さなお子さんがいるファミリーに向けて大工手作りの「子ども用チェア」をプレゼント
- 「商品券」や「花束」をプレゼント
- 感謝の手紙を送付する
- 既存顧客向けの「住宅情報通信」を送付する
- 無料のアフターフォローの案内

**【目標】**

- 「平均顧客単価」「平均購買頻度」が
  上がり、売上アップにつながる
- 新規獲得にかかる工数が減る

　私の知り合いの会社さんは、従業員やそのご家族の誕生日に花束を贈るそうです。お祝ごとがあっても、なかなか花束を受け取る機会はありませんから、たいそう喜ばれるみたいです。私も、誕生日に花束をもらえるとしたら、すごく嬉しいです。ちょっとした心遣いかもしれませんが、受け取った側にとっては、大きなインパクトがあります。事業が傾いたとしても、この会社のために頑張ろう！　と奮起する社員が多いのではないでしょうか。この会社のような視点を持って、既存顧客を大事にすると、ファンが増えていくと思います。

## ②「LTV（顧客生涯価値）の向上につながる施策」を行う

　既存顧客には、**LTV（顧客生涯価値）を高めるアプローチ**も行います。LTV（顧客生涯価値）が高まることで、会社の売上アップにつながるからです。LTVとは、一人の顧客が生涯のうちに、ある会社に対して、どれくらいの利益をもたらすのかを表した指標です。

　LTVが高ければ高いほど、その顧客は、会社の売上に貢献してくれ

る顧客といえます。LTV を高めるには、商品の提供形態を「サブスクリプション化（＝定期購入化）」したり、メールマガジンや LINE@ で「新商品」や「高級ライン」をクロスセル／アップセルすることなどが考えられます。

| LTV（顧客生涯価値／ Life Time Value）の違い | | |
| --- | --- | --- |
| | リアル店舗での<br>販売のみの場合 | 「リピーター化」の<br>施策を講じた場合 |
| タッチポイント | ・リアル店舗 | ・サブスクリプション<br>・メールマガジン<br>・口コミサイト |
| 売上 | 3,000 円 | 18,000 円 |

　一般消費財である「発毛剤」を例に、店頭販売のみの場合と、リピーター化施策を実施した場合において、LTV にどれほどの違いが生まれるのか比較してみましょう。


　例えば、1 本 3,000 円の育毛剤を、ドラッグストアやスーパーマーケットなどのリアル店舗だけで販売する場合。購入当初こそ、頑張って毎日、発毛剤を塗布するかもしれませんが、3 日坊主になる可能性もあります。育毛剤を塗布するのがめんどうになった場合、使い切らないので、2 度と購入しない可能性があります。当然、発毛効果も得られないため、AGA 専門のクリニックに相談しにいくかもしれません。このように、顧客はいとも簡単に離脱し、別の選択肢を選ぶものです。このような場合、LTV は「3,000 円」に留まります。

一方、1本3,000円の育毛剤を「サブスクリプション（定期購入）」で提供する場合はどうでしょう。顧客は「発毛するまで数ヵ月かかるから、サブスクリプション形式なんだ」と理解し、3ヵ月間、継続購入するかもしれません。

　使い続けるなかで、発毛効果が得られれば「もっと毛が生えてくるだろう」と思い、さらに3ヵ月使い続けるかもしれません。**この時点で、LTVは「18,000円」となります。店舗販売のみの場合と比べて、売上に6倍もの差が生まれます。**

---

●店舗販売の場合

　「3,000円」を1本購入する＝「**3,000円（LTV）**」

●サブスクリプション（定期購入）の場合

　3,000円 ×（3ヵ月+3ヵ月）＝「**18,000円（LTV）**」

---

　発毛効果を体感できれば、発毛剤の会社に対して信頼感を抱くようになります。その結果、この会社のメールマガジンを購読するかもしれません。その結果、メールマガジンで紹介されていた「1本6,000円の高級ライン」に切り替えて、3ヵ月間くらい利用してくれるかもしれません。この時点で、累計のLTVは「36,000円」になります。店舗販売のみの場合と比べて、12倍もの差が開きました。

●３ヵ月のサブスクリプション利用のあと、メールマガジンで
紹介されていた高級ラインを３ヵ月使用した場合

3,000 円 ×（３ヵ月＋３ヵ月）＝ 18,000 円

6,000 円 × ３ヵ月 ＝ 18,000 円

18,000 円＋ 18,000 円 ＝「**36,000 円（LTV）**」

➡ 店頭販売のみの場合と比べて、LTV は「12 倍」に！

　商品力があり、さらなる発毛効果が得られれば、薄毛に悩んでいる
友人や会社の同僚に商品を紹介する可能性があります。

　口コミサイトに、ポジティブな感想を投稿してくれるかもしれませ
ん。宣伝広告費をかけずとも、口コミだけで商品を購入する人が増え
ていけば、大きな売上が期待できます。

　「商品の提供方法」を変更したり、既存顧客と持続的な接点を持ち
続けることで、売上アップを目指せます。この視点を、あなたのビジ
ネスにもぜひ、取り入れてみてください。

【デジタルマーケティング担当者のアクション】

## ● LTV（顧客生涯価値）を上昇させる施策例

- サブスクリプション化（定期購入サービス化）
- メールマガジンや LINE @で「新商品」や「高級ライン」を案内する
- メールマガジンや LINE @で「オーダーメイドサービス」などの高単価商品を案内する

## ③サポート窓口を「マルチチャネル化」する

このフェーズの顧客には「解約阻止」に取り組むことも大切です。例えば、月々一定金額を払って利用する「サブスクリプション型の脱毛器具」がある場合。器具の使い方がわからず、解約されてしまうケースがあるでしょう。

そのような事態に備えて「カスタマーサポートの充実」を図るのが一つの方法です。「コールセンター」や「メールの問い合わせ窓口」を設けておくのが第一ですが、「LINE」や「チャットボット」など、さまざまな解決窓口を設けておくことが大切です。人によって使いやすいサポート窓口は千差万別だからです。高齢者の場合、コールセンターなど電話によるタッチポイントが好まれますが、若年層の場合「LINEやチャットが楽」という人が多いです。

加えて、Q&A形式で、疑問点や不明点を解消できる「FAQサイト」を設けておくのも有効です。わからないことがあった場合、わざわざ電話などで問い合わせをせず、ネット検索で自己解決したい人が多いからです。

このように、さまざまな問い合わせ窓口を設ける「マルチチャネル対応」を行うと、顧客の満足度が向上して、解約阻止につながります。

●解約阻止につなげるカスタマーサポート窓口の例

- コールセンター
- メールフォーム
- LINE
- チャットボット
- FAQ サイト
- アクティブサポート

昨今、注目されているカスタマーサポートの一つに「アクティブサポート」があります。アクティブサポートとは、企業のカスタマーサポート担当者が、SNS などでみられるユーザーの「不満・疑問・悩み」をいち早く発見し、解決方法を提示するサポートのことです。

ユーザーからの問い合わせを待つ「パッシブサポート（受動的なサポート）」ではなく、自発的にサポートを行うことから「アクティブサポート（能動的なサポート）」と名付けられています。

私もアクティブサポートを受けたことがあります。私が投稿したポストに対して、Amazon のヘルプデスクからリプライをいただいたのです。

Amazonで購入した商品が届いた際、大きなダンボールで梱包されていたため、「何か間違えて商品を購入してしまったかもしれない」と思ったと、ポストしました。その何気ないポストに対して「梱包に関して、困ったことがあれば、ヘルプページをご参照ください」というリプライをいただきました。

　突然のリプライだったので驚きましたが、ユーザーの悩みをいち早く解決しようとするAmazonの対応には、小さな感動を覚えました。小さなやり取りの一コマでしたが、こういった対応の一つひとつが、解約阻止につながります。

ユーザーと接点を持つことは「VOC（顧客の声）」を集められる点でもおすすめです。ユーザーの不満は、商品開発や販促のヒントになりますから、活かさない手はありません。「セールスはしない」「素早く対応する」「対話を意識する」「運用ポリシーを作る」の4点を心がけてアクティブサポートを実行すれば、ファンを増やす手段にもなるでしょう。


### ④「お友達紹介キャンペーン」を行う

　**「既存顧客からの紹介による新規獲得」**にも取り組んでみてはいかがでしょうか。繰り返しお伝えしている通り、人が何か商品を購入する場合「その商品を購入して失敗しないか」が頭をよぎるものですが、そうした不安は、自分が信頼している友人や家族による推薦で、いとも簡単に解消されることが多いからです。「知り合いの紹介」の場合、一番の関門になる「信用」の壁が取り払われる点で、非常に強力な集客チャネルだといえます。

　顧客と良質な関係を築けている場合、以下のような施策を行ってみてはいかがでしょうか。

---

### 【デジタルマーケティング担当者のアクション】

● **新規獲得につながる施策例（注文住宅の場合）**
・お友達紹介キャンペーンの実施（紹介して成約したら10万円

---

分の商品券をプレゼントするなど）

- 既存顧客と見込み顧客によるイベントの開催（バーベキュー
  大会や、ゴルフコンペなどのイベント実施。交流を通じて、
  注文住宅会社の「人となり」や「人間味」「あたたかみ」など
  をそれとなく伝える）

---

【見込み顧客の心理変化】

「phase 6：リピーター化・ファン化」を経て、見込み顧客の
心理は以下のように変化します

- Before：
「この会社で、注文住宅を購入してよかった」
　　↓
- After：
「素晴らしい対応に、心から感謝している。お返しに口コミを
　投稿しよう」
「一軒家の購入を検討している友人がほかにもいた。この会社
　を紹介してあげよう」
「この会社のことがもっと好きになった。リフォームのときに
　は、また依頼しよう」

---

　以上の「3STEP・6phase」が、「顧客が商品を購入するまでの流れ」
の全貌です。このカスタマージャーニーマップが頭に入れば、スムー

ズにデジタルマーケティングを実行できるようになります。いつでも、この流れを思い出してみてください。「よくわからない」といったモヤモヤが晴れて、楽しい気持ちで、デジタルマーケティングに取り組めるようになるはずです。

| パノラマ・デジマ式・カスタマージャーニーマップ | | | |
|---|---|---|---|
| STEP1 | 認知拡大 | phase1 | メディア接触 |
| STEP2 | 見込み顧客による検討 | phase2 | 「疑問点・不明点」の解消 |
| | | phase3 | 「不安点・懸念点」の解消 |
| | | phase4 | 「企業の信頼性」「商品の魅力」をチェック |
| STEP3 | 顧客化・リピーター化 | phase5 | 顧客化 |
| | | phase6 | リピーター化・ファン化 |

なお、1点、補捉したいことがあります。それは、今回した紹介した流れが「1つのモデルケースに過ぎない」ということです。

STEP1の「認知拡大」では、Instagramを始めとするSNSが顧客との最初のタッチポイントになるとお伝えしました。しかし、人によっては、最初のタッチポイントが「検索連動型広告」になるようなケースもあります。見込み顧客が問い合わせや商品の購入に至るまでには、さまざまな導線があり、1本線ではないのです。

例えば、SNSよりもGoogleなどの検索エンジンを情報収集の手段にしている人は、Google検索でいきなり「家　おしゃれ　作り方」といっ

たキーワードで検索する可能性があります。

　とはいえ「【STEP1】認知拡大 →【STEP2】見込み顧客による検討 →【STEP3】顧客化・リピーター化」という、大枠の3STEPは普遍的なものです。問い合わせに至るまでのルート（＝カスタマージャーニーマップ）は無数にあるが「認知拡大 → 見込み顧客による検討 → 顧客化・リピーター化」のルートをたどるのが、デジタルマーケティングの基本だと理解しておきましょう。

---

【パノラマ・デジマ地図　3STEP】

　【第1STEP】認知拡大
　【第2STEP】見込み顧客による検討
　【第3STEP】顧客化・リピーター化

---

| 【顧客が商品購入に至るまでの流れ】 | | |
|---|---|---|
| 顧客が「商品の購入」や「問い合わせ」に至るまでは、いくつものルートがある！ | | |
| パターン ① | パターン ② | パターン ③ |
| Google 検索<br>↓<br>検索連動型広告<br>↓<br>ランディングページ（LP）<br>↓<br>問い合わせ | Google 検索<br>↓<br>オウンドメディア<br>↓<br>企業ホームページ<br>↓<br>スタッフブログ<br>↓<br>メールマガジン<br>↓<br>問い合わせ | 雑誌の記事<br>↓<br>企業ホームページ<br>↓<br>Instagram<br>↓<br>オウンドメディア<br>↓<br>企業ホームページ<br>↓<br>問い合わせ |

## 最初のタッチポイントになるメディア例

■各種 SNS

Instagram ／ Facebook ／ X ( 旧 Twitter) ／ YouTube ／ LinkedIn ／ Clubhouse など（インフルエンサーによる紹介も含む）

■ライブ配信アプリ

17LIVE ／ SHOWROOM ／ BIGO LIVE ／ツイキャス／ Pococha ／ニコニコ生放送など

## ■取材記事
雑誌・テレビ・ラジオ・新聞などのメディアに掲載された取材記事

## ■ニュースリリース記事
「@プレス」や「PR TIMES」などに掲載するニュースリリース記事

## ■ OOH 広告（屋外広告）
看板／デジタルサイネージ／ラッピングカー／
サンプリングイベント／街頭ビジョン

## ■ MEO（マップエンジン最適化）関連
Google ビジネスプロフィール

## ■デジタル広告

### 〈メディア別カテゴリー〉
Web 広告／ SNS 広告／メール広告／アプリ広告

### 〈表示形式別カテゴリー〉
バナー広告／テキスト広告／リスティング広告／動画広告

### 〈課金方式別カテゴリー〉
PPC 広告／インプレッション課金型広告／
インプレッション保証型広告／アフィリエイト広告／
期間保証型広告

### 〈配信方式別カテゴリー〉
DSP 広告／アドネットワーク広告／行動ターゲティング広告／
リターゲティング広告／検索連動型広告／位置情報連動型広告

### 〈配信方式別カテゴリー〉
純広告／記事広告

## ■各種 Web サイト
企業ホームページ（コーポレートサイト）／サービスサイト／
お役立ち情報サイト（オウンドメディア）／
ランディングページ（LP）

# 「聞いたことはある」 では済まされない ゛○○マーケティング゛

## メタバース マーケティング
仮想空間でブランドを作成して、ユーザーとの関係を構築する

## ソーシャルメディア マーケティング
SNS で、とくにインフルエンサーを起用して効果を狙うもの

## コンテンツ マーケティング
顧客に有益な情報を共有し、信頼と関心を得ていく

## オムニチャネル マーケティング
複数のチャネル連携で顧客とコミュニケーションしていく

## インバウンド マーケティング
顧客からの能動的な問い合わせ・購入を促す

もっと質問、検索して深堀りすれば大ピンチは回避。知らんけど

# 第2章

# 「Webマーケティング」と
# どう違う?

# 「デジタルマーケティング」と
# 「Webマーケティング」の違い

　「デジタルマーケティングの全体像がなんとなくわかった気がする。でも、よく耳にする『Webマーケティング』と、どう違うのだろう？」

　ひょっとしたら、このように思う方がいるかもしれません。結論からいえば、デジタルマーケティングとWebマーケティングとの間に、明確な定義の違いはありません。

　「デジタルマーケティング≒Webマーケティング」とほぼ同義で考えている人もいますし、両者の違いについて、独自の解釈を持っている専門家もいます。専門家の数だけ、さまざまな定義があるといっても過言ではないのが現状です。しかし、便宜的には、以下のような違いがあるといえます。

---

**● Webマーケティング**
スマホやパソコンなどのデジタルデバイスを介して、顧客と接点を持ち、新規獲得により「売上アップ」を目指すマーケティング手法のこと

**● デジタルマーケティング**
スマホやパソコンなどのデジタルデバイスを介して、顧客と接点を持ち、新規獲得により「売上アップ」を目指す施策に加えて、既存顧客へのフォローアップも行うマーケティング手法のこと。「リピート購入」や「顧客のファン化」を行ったりすることで「売上の"最大化"」を目指す

---

つまり、Webマーケティングでは「新規獲得による売上拡大」にフォーカスしますが、デジタルマーケティングは、顧客のフォローアップ（リピーター化、ファン化をうながす施策）も行うことで、売上の最大化を目指す点で、違いがあるということです。

本書では、両者の違いについて、深く言及しませんが**おおまかな違いだけ認識して**おけばよいでしょう。

以下に、違いをまとめましたので、ご確認ください。本書では、より継続的に売上拡大を目指せる「デジタルマーケティング」について解説します。

|  | デジタルマーケティング | Web マーケティング |
|---|---|---|
| **目標** | ・新規獲得<br>・売上拡大<br>・受注確度の向上<br>・ファン化<br>・サブスク利用者の拡大<br>・顧客満足度の向上<br>・LTV（顧客生涯価値）の向上<br>・ロイヤリティの向上<br>・ファン化<br>・サブスクリプション化<br>・クロスセル・アップセル　など | ・新規獲得<br>・売上拡大 |
| **アプローチする<br>フェーズ** | 認知・検討・購入・<br>既存顧客のフォロー | 認知・検討・購入 |

| | | |
|---|---|---|
| **顧客との<br>タッチポイント** | サービスサイト・企業ホームページ（コーポレートサイト）・EC サイト・オウンドメディア・LP・バナー広告・リスティング広告・各種 SNS（Instagram や X（旧 Twitter）など）・E メール・プレスリリース・Google ビジネスプロフィール・メールマガジン・LINE 公式〜・ブログ・チャットボット・オンライン接客・FAQ サイトなど | サービスサイト・企業ホームページ（コーポレートサイト）・EC サイト・オウンドメディア・LP・バナー広告・リスティング広告 が中心 |
| **活用される<br>応用技術・ツール** | CRM・SFA・MA ツール・AI・VR・AR・ビッグデータ・サブスクシステム | ―― |

## デジタルマーケティングに取り組む「3 つのメリット」

「なぜ、デジタルマーケティングがいいのか？」
「デジタルマーケティングに取り組むべき理由は？」

　このような疑問を抱く方がいらっしゃるかもしれません。立て看板、折込チラシ、ダイレクトメール、リアル店舗、交通広告などを用いる旧来のマーケティングも「集客・売上アップを目指す」という点では共通していますからね。
　デジタルマーケティングを実施すべき理由は大きく分けて 3 つあります。

●デジタルマーケティングのメリット３つ
①効果測定のための「客観的なデータ」が一瞬で手に入る
②「One to One マーケティング」で受注率が２倍になる
③マーケティングの対象範囲が「日本全域／全世界」

## ①効果測定のための「客観的なデータ」が一瞬で手に入る

　デジタルマーケティングでは「Google アナリティクス」「Google サーチコンソール」「データ解析システム」などの各種ツールを利用します。これらを用いれば、「施策の効果測定」が、簡単にできるようになります。この点は、デジタルマーケティングにおけるもっとも大きなメリットの一つです。

　例えば自社サイトに「Google アナリティクス」を連携させた場合。「売上につながったページはどれか」「見込み顧客は SNS から流入しているのか？　それとも検索エンジンを使って自然流入したのか？」「AとBのバナー広告は、どちらのクリック率が高いのか？」といった疑問に呼応するデータを収集することができます。**つまり、成果を高めるのに必要な客観的なデータを瞬時に集められるということです。**

　データを収集した結果、「売上につながったページAのような SEO 記事を増やそう」「Instagram から流入する人が多いから、Instagram の投稿頻度を高めよう」「クリック率が２倍あるバナー広告Aを重点的

に配信しよう」といった改善案を導き出すことができます。

　その結果、より多くの顧客を獲得できたり、売上を大幅にアップできたりします。**成果創出のための PDCA サイクルを高速回転できるようになる——** それが、デジタルマーケティングならではの利点なのです。

| 施策の効果測定に必要なデータを、手間なく簡単に集められる | |
| --- | --- |
| 成果を上げるために<br>知りたいこと | データにもとづいた<br>改善案 |
| 「売上につながったページはどれか」 | 「売上につながったページAのようなSEO記事を増やそう」 |
| 「見込み顧客は SNS から流入しているのか？　それとも検索エンジンから自然流入したのか？」 | 「Instagram から流入する人が多いから、Instagram の投稿頻度を高めよう」 |
| 「AとBのバナー広告はどちらがクリック率が高いのか？」 | 「クリック率が2倍あるバナー広告Aを重点的に配信しよう」 |

## ②「One to One マーケティング」で受注率が2倍になる

　「One to One マーケティングが可能になる」というのも、旧来のマーケティングとの大きな違いであり、デジタルマーケティングなら

ではのメリットです。

　One to One マーケティングとは、一人ひとりの顧客に合わせてアプローチするマーケティングのことです。人はそれぞれ、違った興味・関心を持っています。そのことを前提に、**一人ひとりが欲しがる情報を個別に与えることで、受注確率を高める施策が、One to One マーケティングです。**

　例えば、バナー広告の一つに「リターゲティング広告」があります。検索ユーザーが閲覧した商品ページのアクセス情報（Cookie）にもとづき、バナー広告を掲載するものです。
　Cookie には、各 Web サイトのドメインが発行する「ファーストパーティ Cookie」と、広告配信サーバーなどが発行する「サードパーティ Cookie」があります。このうち、リターゲティング広告は「サードパーティ Cookie」を用いた広告手法です。

　例えば、ある主婦が、来年小学生になる子どものために学習机を購入したいと考え、インテリアショップのサイトにアクセスしたとします。そうすると、そのサイトから離脱したあとも、学習机のバナー広告が何度も表示されることがあります。これが、リターゲティング広告です。

　なぜ、リターゲティング広告が売上アップに効果的なのでしょうか。それは、私たち人間には、接触頻度が多いものに、好感や興味を示しやすく、その結果、商品を購入する確率が上がるからです（＝「単純

接触効果」や「ザイオンス効果」といわれています）。

　リターゲティング広告は、アパレルや食品、インテリア、人材採用などの業界で頻繁に実施されており、相応の効果が得られています。


　こういった広告手法はデジタルマーケティングのほんの一部です。自社の商材にあったマーケティング手法を複合的に実行することで、確実かつスピーディに成果を上げられるようになります。

　**顧客の興味・関心にもとづいた One to One マーケティングができる。それによって受注確率を高められる。これが、デジタルマーケティングのならではの武器です。** オフラインの接点のみで完結する旧来のマーケティングでは成しえない圧倒的な強みといえるでしょう。


　なお、余談ですが「Cookie ＝個人情報」ということから、Cookie の取得を廃止するのが世界的な潮流となっています。既に Apple 社の Web ブラウザ「Safari」では、Cookie の取得ができなくなっています。

　Google の Web ブラウザ「Chrome」においても 2024 年までをメドに同様の処置が行われる予定です。

　これらの処置は、個人情報保護の観点からなされるものですが、当然のことながら、広告主にとっては、あまり歓迎されない処置です。リターゲティング広告のような手法が使えなくなるからです。そのため、Google は新たなトラッキング手法を検討しています。それは「プライバシーサンドボックス（Privacy Sandbox）」です。サードパーティ Cookie に依存することなく、トラッキングできるようするもので、個人の特定に結びつかないものと説明されています。

## ③マーケティングの対象範囲が「日本全域／全世界」

**マーケティングの対象範囲が広い**というのも、デジタルマーケティングならではの強みです。

例えば、美容院の集客を行う場合、旧来のマーケティングであれば「半径数km以内に住む不特定多数へのアプローチ」が前提となります。店舗周辺の住宅への折込チラシの「ポスティング」や、駅構内広告などの「交通広告」、立て看板などの「屋外広告」などを出稿することで、美容院の存在を認知させます。

**一方、デジタルマーケティングを使って、美容院の集客を行う場合。SNSやブログで情報発信を行えば、日本全国や全世界の人々に対して、美容院の存在を知らせることができます。**
見込み顧客の母数が増えるため、売上拡大できる確率が高まります。

例えば「ジェンダーレスなヘアスタイルの提案に強いヘアサロン」が集客を行いたい場合。想定ターゲットは、それほど多くないため、半径数km以内の見込み顧客にしかアプローチできないのであれば、あっという間につぶれてしまうでしょう。**しかし、デジタルマーケティングを用いれば、商圏が「日本全国／全世界」になります。Instagram や TikTok など、美容に関心が高いユーザーが多いSNSでマーケティングを行えば、大きな売上につながる可能性があります。**
もしも、経営者や上席の方などから「デジタルマーケティングなん

てやる意味があるの?」なんて話をされたら、ここで挙げた３つのメリットを伝えるようにしてみてください。デジタルマーケティングをやる意義について、理解いただけると思いますよ。

●デジタルマーケティングのメリット３つ

１．効果測定のための「客観的なデータ」が一瞬で手に入る

→ 施策の効果測定に必要なデータを、手間なく簡単に集められるため、効率的かつスピーディに集客・売上アップを実現できる

２．「One to One マーケティング」で受注率が２倍になる

→ 自社の商品・サービスに興味・関心が高そうな検索ユーザーにアプローチできるため、売上アップにつながりやすい

３．マーケティングの対象範囲が「日本全域／全世界」

→ 見込み顧客の母数が増えるため、売上アップにつながりやすい

# ChatGPT（生成 AI）と、デジマの繋がり

デジタルマーケティングと ChatGPT（生成 AI）は、ビジネス面で大きな関係を持ちます。コンテンツマーケティングでの活用法などがとくに挙げられますが、本書のような入門書で簡単に触れられるレベルではありません。今の段階で ChatGPT がバージョンアップするごとに機能は変わってしまいますので、別で本を書くボリュームが必要でしょう。

てももし、単語レベルでピックアップするのてあれば、**「コンテンツ生成」「データ収集・分析」「予測・最適化」「ニーズ抽出」**などのキーワードがまず挙げられるでしょう。

そして、これらの重要なカギは **「テクノロジーの進化」「膨大化するデータ処理」「他社との差別化戦略」** となります。

また、コンテンツマーケティング活用で挙がっている問題は、**「法違反（著作権・肖像権侵害等）」「誤情報の生成」「歪み・偏りのある収集」**などが指摘されています。

ピックアップしたキーを含めた質問を AI にしながら、自社のマーケティング効果の向上に役立ててみてはいかがでしょうか。

Column

# デジマに関係してる・これから関係しそうなキーワード

## Copilot+PC

使う会社次第で、これまでの作業手順が
かなりショートカット的に済みそう

## 中小企業の DX

社長の知見がなく必要な人材もいない…
デジマまで届いてない会社は悲惨

## Apple Intelligence

「個人向け」のイメージを、
今度こそ迅速に払拭してほしい

## 企業の SNS 投稿

自動化できて、企業キャラも認知されている会社と、
そうでない所の差が圧倒的

## デジタル セキュリティ

ニコニコなくなってほしくないけど、
EC サイトもあるし今後の運営が大変

**もっと質問、検索するのはいいけど、大量印刷してClear File 保管はやめーや**

第3章

# 「パノラマ・デジマ5原則」を
# 押さえれば
# 「売上2倍」も夢じゃない！

# デジタルマーケティングで
# 「問い合わせ3倍、売上5倍、企業価値10倍」になった理由

　デジタルマーケティングの実施を検討している場合「**どのような成果が得られるのか**」が、とても気になりますよね。そのため、実際に私が手掛けた事例をもとに、実際の成果について、ご紹介しておきたいと思います。ここでは「不動産会社」の事例を深堀します。

---

### ●不動産会社

　1,000件以上／月の問い合わせに加えて、6ヵ月で業界最大規模の「8万人」もの会員獲得に成功。コンスタントに月に1億円ほど物件が売れるようになったほか、1年間で50億円の出資も獲得。デジタル化により、株価も10倍以上となった

---

　この不動産会社さんは「アパート・マンション・戸建ての販売」と「物件オーナー向けの賃貸経営サポート」を行うことで収益を上げていました。主な営業手法は、1軒1軒の家に訪問して商品を売り込む「飛び込み営業」と、「新築のマンションを買いませんか？」「お家を売却しませんか？」といった電話をかけるテレアポ営業です。

　テレアポの世界では「千三つ（せんみつ）」という言葉があります。1,000件の顧客リストに電話をかけたら、そのうち3件くらいは反応があるという意味です。それくらい、反響が取りにくい手法であることを示唆しています。

この不動産会社さんも、こういった手法を取り入れていたため「人件費がかさむばかりで売上につながらない」「アポイントすら取れない営業がストレスで離職してしまう」といった問題が生じていました。

とりわけ、不動産は購入ハードルの高い高額商品ですから、営業の難易度は高いです。なおさら事態は深刻でした。**そうしたなかで、デジタルマーケティングで、商品に興味がある顧客を効率的に集客するのが、私に課せられたミッションでした。**人海戦術で突破しようとする「アナログ型営業」から、自動的に見込み顧客が集まる「デジタル型営業」への転換が目指されたのです。

そこで私が取り組んだ主な集客施策は、以下の３つでした。

---

**【不動産会社さんの集客アップのために実施した主な集客施策】**

① 「お役立ち情報サイト（オウンドメディア）」の立ち上げ

　　「不動産投資　アパート経営」のキーワードを軸に SEO コラムを月に 20 本発信する

② 「リードマグネット」の提供

　　メールマガジンに登録した方に対して「不動産投資」や「アパート経営」に関する情報冊子を無償でプレゼントする

③ 「不動産投資クラウドファンディング」の立ち上げ

　　不動産投資クラウドファンディングを立ち上げて、顧客リストを集める。集まった顧客に対して、バックエンド商品であるアパート・マンション・戸建を案内する

---

## ①「お役立ち情報サイト（オウンドメディア）」の立ち上げ

　不動産会社さんが獲得したい中心的な顧客像（ペルソナ）は「**アパート経営で不労所得を得ながら暮らしていきたいサラリーマン**」でした。なんらかの本業を続けながら、月に数十万円の家賃収入を得ることで、収入の不安を減らしたい。老後にゆとりある暮らしをしたい。そんな希望がある人たちがターゲットだったのです。

　そこで、お役立ち情報サイト（オウンドメディア）経由の問い合わせを増やす施策を実行することになりました。月間のコラム制作本数は20本です。

　20本の記事のうち、10本は「不動産投資　アパート経営」に関するSEOコラムを作成し、5本は時事ネタ関連のSEOコラムを作成しました。例えば1月は「不動産投資　確定申告」をキーワードに記事を作るといった具合です。残りの5本は「節税対策」や「iDeCo」など、投資に関心がある人が読みたい金融・投資関連のSEOコラムを作成しました。

　この話をすると「なぜ、20本の記事のうち10本も『不動産投資　アパート経営』のキーワードに関する記事を作成するのでしょうか？」と聞かれることがあります。たしかに、あまり一般的な手法ではないかもしれません。

　**私がこのような戦略を取った理由は、会社に問い合わせする顧客の流入元のキーワードをたどると「不動産投資　アパート経営」が一番多かったからです。**「不動産投資　アパート経営」というキーワードを

検索する顧客が、自社の商品をすぐに購入する可能性がある「今すぐ客」だったということです。至ってシンプルな理由でした。

　このキーワードにひもづく SEO コラムで、Google 検索の 1 ページ目の上位を占領できれば、不動産商品を購入する可能性が高い「今すぐ客」を効率よく獲得できるだろうと考えました。

　この会社においては、前例のない戦略でしたが、SEO コラムが 100 本を超えた半年後くらいから、このキーワードで、Google の検索エンジン上で検索 1 位を取得することに成功しました。10 ヵ月ほど経過した頃には、**この不動産会社さんによる SEO コラムが 1 ページ目上位を独占する状態に。その結果、不動産会社のお役立ち情報サイト（オウンドメディア）へのセッション数（訪問数）が大幅にアップしました。**不動産会社さんの Web サイトに訪問する見込み顧客が急増したということです。その結果、大幅な売上増につながりました。

## ②「リードマグネット」の提供

　私は、SEO 対策に加えて**「リードマグネットの提供」**も実行しました。リードマグネットとは、メールマガジンや LINE 公式〜を登録してくれた見込み顧客に対して、そのお礼にプレゼントを提供することです。

　人は何か受け取ると、何かを返したくなるものです。**一般的には「返報性の原理」などといわれていますが、私は「ありがとうコミュニケーション」と名付けています。**ありがとうコミュニケーションによって、連絡先の獲得や申し込みされる確率を高められます。見込み顧客の連絡先を獲得

するのに、もっとも効果のあるデジタルマーケティング手法の一つです。

　このときは、メールマガジンに登録してくれた方に対して「不動産投資」や「アパート経営」で成功するために押さえるべきポイントをまとめた情報冊子を無償でプレゼントしました。

　このリードマグネットと引き換えに得られた顧客リストは「飛び込み営業」や「無差別にかけるテレアポ営業」で得られたリストよりも格段に受注確率が高いものでした。**なぜならば、リードマグネットをダウンロードする時点で、顧客は、不動産投資やアパート経営に興味があることが確定しているからです。**「リードマグネットの申し込み」というアクションが、確度の高い見込み顧客を獲得するうえで、優れたフィルター効果を発揮していたのです。

　**この施策の結果、「不動産投資」や「アパート経営」に関心がある優良な見込み顧客のリストを効率よく獲得できるようになりました。**

### ③「不動産投資クラウドファンディング」の立ち上げ

　上記2つの施策に加えて実施したのが**「不動産投資クラウドファンディング」の立ち上げ**です。不動産投資クラウドファンディングは、インターネット上で、投資家から出資金を募り、集まった出資金をもとに、マンション経営を行い、「家賃収入（インカムゲイン）」や「売却益（キャピタルゲイン）」を分配して投資家に還元する投資手法の一種です。

　例えば1億円のマンションの場合。3,000万円は自社で調達して、残

りの7,000万円を投資家から「1口〇万円」の形式で出資を受けて運用したりします。マンションに住人を集めて、住人が支払う家賃の一部を、投資家に還元します。万が一の場合には、マンションの売却益によって補償するため、ローリスクな投資手法の一つだとみなされています。クラウドファンディング事業そのものは、そこまで儲けのよいビジネスではありませんが、あえてこのビジネスに踏み込みました。

　ここで一つの疑問が浮かぶのではないでしょうか。なぜ、不動産投資クラウドファンディングを立ち上げたのかと。**その理由は、不動産投資クラウドファンディングを購入した顧客に対して、主力商品（バックエンド商品）である「不動産投資商品」の案内を行うこともできるからです。要するに、不動産投資クラウドファンディング事業の立ち上げは「不動産投資に興味がある見込み顧客リスト」を獲得するために行ったのです。**

　不動産投資クラウドファンディングで利益を享受している顧客は、実際に利益が出ているため、不動産会社に対して信頼を寄せています。信頼関係が構築できているため、不動産投資の提案に耳を傾けてくれる素地があります。そういった顧客にアプローチしたため、アパートやマンションなどの物件購入や、アパート運営サービスの購入につながりやすかったのです。この施策により、効率よくバックエンド商品の受注を増やすことができました。

　以上の3つが、不動産会社さんに対して実施したデジタルマーケティング施策です。上記に加えて、バナー広告の出稿や、企業ホームページ（コーポレートサイト）の改善なども行った結果、以下のような成

果を得ることに成功しました。

---

- 「月間 1000 件以上」の問い合わせを獲得 (不動産事業)
- 継続的に1億円程度のアパート・マンションの販売に成功 (不動産事業)
- 6ヵ月で「8万人」の会員を獲得 (クラウドファンディング事業)
- 1年間で 50 億円の出資を獲得 (クラウドファンディング事業)

---

　デジタルマーケティングを活用することで、これほど多くの成果が得られました。余談ではありますが、経営者との話し合いのなかで「会社の価値を高めたい」という相談も受けていました。私は「会社のデジタル化」が株価を上昇させるキーポイントになることを知っていたため、以下の施策を提案してみました。

---

- CRM (顧客管理システム) ／ SFA (営業管理システム) の導入
- 社内コミュニケーションのチャット化
- 稟議決裁システムの導入
- 請求書システムの導入
- マンション／アパートオーナー向けの賃貸経営システムの導入

---

　これらのデジタル化施策も実行した結果、プレスリリースやビジネス情報誌で取り上げられるようになりました。最終的には、不動産会社の株価は 10 倍以上跳ね上がりました。いわずもがな、このような結果に結びついた主因は「企業努力」です。しかし「デジタル化」が株価上昇の一因になっているのも、また事実です。デジタル化の爆発

力を思い知らされる印象的な出来事でした。

　デジタル化は、不動産会社さん以外でも効果があった優れた施策です。会社の価値を高めたい場合には、デジタル化を検討してみるのも手だと思います。

---

## デジタルマーケティングの「キーパーソン6者」は誰か？

---

　デジタルマーケティングを実行することになった場合、「**プロジェクトメンバーに、誰をアサインすればよいのだろうか？**」という疑問が、最初に浮かぶかもしれません。

　結論をいえば、**以下に挙げる6者が**、デジタルマーケティングのキーパーソンとなります。ここに挙げる6者と連携を取りながら進めると、スムーズにデジタルマーケティングを実行できます。

　ご存じの方も多いかもしれませんが、それぞれ、どのような役割を担うのか、改めて説明したいと思います。

---

**【デジタルマーケティングのキーパーソン】**

① Web プロデューサー

② Web ディレクター

③ Web マーケター（広告代理店）

④ Web エンジニア／ Web デザイナー／ Web ライター

⑤ SNS 専門家

⑥ Web コンサルタント

---

## ① Web プロデューサー

Web プロデューサーは、Web サイト制作の責任者です。「予算管理」や「クライアント企業との折衝」を行うほか、ディレクターと一緒にターゲット設定やコンセプト設定を行ったり、クライアントの要望をヒアリングしたりします。プロジェクトが迷子にならないように、何かあればWebディレクターに指示を出すなどして、進行を見守る"番人"のような存在です。

## ② Web ディレクター

Web ディレクターは、Web サイト制作の実務を担う統括者です。プロジェクトの中心に立ち、メンバーを牽引します。Web サイトのターゲット設定やコンセプト設定、全体の進行・スケジュール管理を始め、エンジニア・デザイナー・ライターへの指示出し、マーケッター（広告代理店）から受けるデジタル広告の検討・発注、Web サイトに掲載するコンテンツを書き起こした「ワイヤーフレーム」の作成など、担当する業務は多岐にわたります。

SEO を意識したお役立ち情報サイト（オウンドメディア）を制作する場合には、ターゲットに刺さるキーワードの選定やGoogle アナリティクスを用いたサイト分析まで担当することもあります。

## ③ Web マーケター（広告代理店）

Web マーケターは、ディレクターの役割を補完するサポーターです。

例えば、ディレクターが、Google アナリティクスなどのサイト分析ツールを使いこなせない場合、マーケターが代わりに分析を行い、サイト改善の提案を行います。その提案にもとづいて、ディレクターがエンジニア／デザイナー／ライターに指示出しをします。また、ディレクターがデジタル広告に関する知見がない場合に、最適なデジタル広告を提案したり、運用を代行したりすることがあります。

## ④ Web エンジニア／ Web デザイナー／ Web ライター

**Web エンジニアは「フロントエンド」と「サーバーサイド」に分けられます。**フロントエンドエンジニアは、意図したデザイン通りに Web サイトを表示させるマークアップ言語（HTML ／ CSS）や、ボタンをクリックしたときの挙動などを司るプログラミング言語（JavaScript ／ jQuery）を用いて、サイト開発を行う人のことをいいます。

一方、サーバーサイドエンジニアは、PHP、Ruby、Python などのプログラミング言語を用いて、サーバー処理に対するプログラム開発を行う人です。

**デザイナーは、ディレクターが制作した Web サイトのワイヤーフレームやバナー広告のラフ画をもとにデザインを制作するクリエイターです。**問い合わせボタンの色が違うだけで、クリック率は大きく変わることもあるため、Web デザインに関する知識が豊富なデザイナーは重宝されます。

ライターは、Web サイトに掲載するコンテンツや SEO 記事を執筆するクリエイターです。SEO 記事を制作する際には、ディレクターが設定したキーワードにもとづいて、検索エンジンの上位に表示されている記事の特徴をリサーチしたり、問い合わせにつながるような訴求文を考えるような業務も行います。ライターは集客の要を司る重要なキーパーソンの一人です。

## ⑤ SNS 専門家

SNS 専門家 は、 X ( 旧 Twitter) や Instagram、YouTube、TikTok などを用いた集客に精通している人のことです。例えば、コスメメーカーが多くの見込み顧客を獲得するために、Instagram 運用を行うとします。しかし、Instagram の投稿経験がない場合、どのような投稿を行えばよいのかわからないでしょう。的外れな投稿を行って、ブランドイメージを毀損してしまう可能性すらあります。

そういった場合、SNS の運用に長けた専門家を雇うことで、確実かつスピーディに見込み顧客の求めるコンテンツを投稿できるようになります。SNS 運用については「餅は餅屋」の視点で、外注するのがよいケースが多いように思います。

## ⑥ Web コンサルタント

このなかで、もっとも聞きなれないのが「Web コンサルタント」ではないでしょうか。何をする人物なのか、いまひとつ想像がつかない

かもしれません。

　Web コンサルタントの役割を一言で説明するならば **「ディレクターに"セカンドオピニオン"を授けてくれる専門家」**です。Web サイト制作においては、プロデューサーやマーケターなどからアドバイスをもらえることもありますが、Web サイト制作のトレンドや、刻々とアップデートされる検索エンジンの変化、競合他社の状況などについては、わかっていないことが多いです。

　そういった場合に、知見を授けてくれるのが Web コンサルタントです。国内外のトレンドも含め、Web に関する情報を熟知しているため、集客に役立つ実践的なアドバイスが受けられます。**スピーディかつ確実に結果を出したい場合には、Web コンサルタントを雇うのが手です。「情報が錯綜するなかで、どの打ち手がベストか判断できない」といった場合には、Web コンサルタントに相談してみましょう。**

---

## 「パノラマ・デジマ5原則」を押さえれば
## 「売上2倍」も夢じゃない！

---

　これまでデジタルマーケティングのコンサルタントとして、さまざまな業界・業種のデジタルマーケティング支援に携わってきました。そうしたなかで、デジタルマーケティングの成果を最大化するために「ぜひとも取り組んでほしい」と思うことが5つあります。

　本書ではその5点を「パノラマ・デジタル・マーケティング5原則（略

称：パノラマ・デジマ５原則）」としてまとめてみました。ここに挙げた５原則に取り組めば、集客や売上アップにつながりやすくなります。一つずつ、説明していきましょう。

---

### パノラマ・デジマ５原則

① 競合に負けている「自社の弱み」を抽出する

② 見込み顧客に「ギブ・ストーキング」する

③「メディア露出逆算型」のプロジェクトを作る

④ 異業種企業とのアライアンスで「相互送客」

⑤「永続雇用」ではない「外部専門家」と組む

---

## ①競合に負けている「自社の弱み」を抽出する

原則の１つ目が「他社にはない『弱み』を抽出する」ということです。

これは多くの企業さんに共通していえることなのですが「商品の強み」や「他社との差別化」ばかり熱心に考える傾向があります。それ自体は間違いではありません。しかし、継続的に売上を上げることを考えるのであれば「弱みの分析」にも同じくらい時間を割く必要があると、私は考えています。

例えば、ある会社が「安眠枕」を取り扱っているとします。その際「ぐっすり眠れるようになる」といったことや「市場価格よりも安い」といった強みを前面にアピールする場合があります。もちろん、見込み顧客に対して、強みを押し出すのはとてもいいことですが、「商品の強み」

ばかり研究することには、大きな弊害があります。それは「商品の弱み」に目が向かなくなってしまい、結果的に、競合他社に見込み顧客を奪われるリスクが高まることです。

　**競合の商品やランディングページ（LP）、デジタル広告への取り組み状況などをチェックして「自社商品の弱み」を抽出していきます。そして、抽出された弱みを徹底的につぶしていくことが大切です。**

　例えば、他社は男女別に「Ｓ・Ｍ・Ｌ」のサイズから選べる一方、自社ではワンサイズ展開のみの場合。リアル店舗での接客のみならず「オンライン接客システム」も導入して「性別・体重・悩み」を購入者に回答してもらい、回答結果に基づいて最適な枕をオーダーメイドで提案できるように変えることが考えられます。

　このように、弱みを強みに転換すれば、見込み顧客の心を引きつけることができます。

　商品そのものに魅力がなかったり、接客がイマイチなのに「リスティング広告を増やそう」「ポスティングを強化しよう」「バナーはＡＢテストをしてクリック率の高いデザインを分析しよう」と躍起になるのは、あまり意味のないことです。熱心にデジタルマーケティングに取り組んだとしても、販売するモノ・サービスに「商品力」がなければ、一時的には売れても、ジリ貧になるでしょう。

　「売上を上げている競合と比較して、自社の商品やＷｅｂサイトには、どんな弱みがあるんだろうか」と徹底的に考えたうえで、分析・改善・

実行のサイクルを回していく方が、売上アップにつながる場合が多いです。

　デジタルマーケティングを実施する前に、まずは、競合に負けている「弱み」を徹底的に分析することから始めてみてください。


## ②見込み顧客に「ギブ・ストーキング」する

　2つ目の原則が「見込み顧客に『ギブ・ストーキング』する」です。ギブ・ストーキングとは、見込み顧客に対して、プレゼントを提供し続けることで、強固な信頼関係を結ぶことです。

　例えば、コスメメーカーが「定期購入型の基礎化粧品」を売りたい場合。見込み顧客に対して、以下のような具合に、無料のプレゼント（＝リードマグネット）を提供し続けるのです。

---

**【コスメメーカーが行うギブ・ストーキングの実施例】**

- 「メールマガジン／ LINE 公式～」の登録時
  （ファーストコンタクトの時）
  　リードマグネットとして「基礎化粧品セット 2 週間分のサンプル」をプレゼントする

- 「メールマガジン／ LINE 公式～」で美容に関する
  お役立ち情報を発信する

---

美容ジャーナリストが取材した「美容に関するトレンド情報」
「アンチエイジングに役立つマル秘テクニック」を発信する

- 「メールマガジン／ LINE 公式~」でオンラインセミナーに招待
    有名美容家が「アンチエイジング」や「美を保つ秘訣」に
    ついて語るセミナーに無料で招待する

- 「肌年齢診断」のダイレクトメールを送付する
    最新鋭のマシンを使った「肌年齢診断」を無償で提供する。
    診断を受けた人には、肌年齢に応じたカウンセリング化粧品
    のサンプル1週間分をプレゼントする

さまざまなプレゼントを"ギブ・ストーキング"された見込み顧客は、
その時点で、化粧品メーカーに対して、好意的な印象を持ちます。さ
らに、化粧品によって肌の変化が感じられれば、商品の購入につなが
る可能性が高いでしょう。

人は、何かしてもらうと「お返しをしたい」という気持ちになるも
のです。つまり、本当に購入してほしいバックエンド商品の購買につ
ながりやすくなります。「返報性の法則」とも言いますが、そういった
行動心理にもとづいたマーケティング手法が、ギブ・ストーキングです。
ぜひ、貴社でも"大量プレゼント作戦"を取り入れてみてください。


## ③「メディア露出逆算型」のプロジェクトを作る

今のご時世、青天井に広告予算がある企業ばかりではありません。

「いかに広告予算を削りながら、売上を上げるか」に苦心している企業の方が多いと思います。

　そうしたなかで、ぜひとも取り入れたいのが「メディア露出逆算型のプロジェクト」です。メディア露出逆算型のプロジェクトとは、各メディアが「ニュース価値がある」「人々の興味関心を惹きつける」と考え、取り上げたくなるようなプロジェクト（商品・サービス・販売手法など）を"逆算的に"作ることで話題を生み、売上を上げることです。

　たとえば、「エッグスンシングス」のパンケーキがあります。1974年にハワイで誕生したこのお店は、並々と盛られたホイップクリームによる圧巻のビジュアルで、瞬く間に世間の話題をさらいました。各メディアがこぞって取り上げたことで、爆発的な人気を得ました。

　また、大ブームになったのは、冷凍ギョウザの無人販売店「餃子の雪松」です。一度食べたら忘れられないパンチ力のある味から、大行列ができたほど人気のブランドです。一見、何の変哲もない無人販売店なのですが、メディアで大きな話題になりました。その理由の一つが「支払い方法」で、賽銭箱でお金の授受を行います。冷凍ギョウザは1パック1,000円なので、1,000円を入れてもらうことで支払いが完了します。

　オンラインメディアの取材のなかで、マーケティング担当者の方は「奇をてらったわけではない。手軽にお客さんに食べてもらう販売方法として取り入れた」とおっしゃっていましたが、斬新でおもしろい

ですよね。

「餃子の雪松」の場合、メディア露出逆算型のプロジェクトを作ろうと思ったわけではないとのことでしたが、思いがけず注目を集めることとなりました。2019 年 4 月の売上高 1 億 5000 万円が、2020 年は6 億円に達しました。店舗も 400 店を一時超えるなどで注目を集めました。

このチェーン店のように **「なんだこれ?!」「おもしろい」と思われ、ニュースとして取り上げられるようなプロジェクト（商品・サービス・販売方法など）を発案してみると**、見込み顧客をたくさん取り込める可能性が高まります。

ただし、ニュースとして取り上げてもらうのは、そう簡単ではありません。そうしたなかで、取材される確率を高めるためにできることが 3 つあります。

---

**【 取材される確率を高めるために行いたいこと 3 つ 】**

- 話題のトレンドに絡めたプロジェクト開発
- プレスリリースの宛名を個人名にする
- プレスリリースを「みんなの経済新聞」に送る

---

一つは **「話題のトレンドに絡めたプロジェクト開発」** です。例えば

テレビ局の場合「優先的に取り上げたいネタ」が決まっていることが、少なくありません。その取り上げたいネタに、うまくマッチするか否かで、取材するか否かを判断している場合があるのです。

例えば、Z世代の若い人たちは、韓流アイドルや韓流コスメなどに興味が高いため、メディアでも取り上げられやすい傾向にあります。従って、プロジェクト開発をする際に、何かしらのかたちで韓流ネタを絡めてみるといったことが考えられます。韓流に限らず「今、流行っているもの」「話題になっているトレンド」「春夏秋冬」などのテーマを軸に絡めてみると、メディア露出につながりやすくなるはずです。

もう一つは「プレスリリースの宛名を個人名にする」ということです。メディア取材を受けたい場合、各社の取材担当者にプレスリリースを出しますが、メール本文の宛名を「メディア関係者各位」ではなく「佐藤さま」「田中さん」といった具合に、個人名にするのです。ちょっとした取り組みですが、一斉送信でないように感じるため、開封率が上がります。

手間はかかりますが、少しでも接点がある取材担当者には、電話で「取り上げてもらえませんか」と、お願いしてみるのもよいでしょう。地道な取り組みではありますが、ちょっとした心がけで、取り上げられる確率が高まります。ぜひ、試してみてください。

3つ目は「プレスリリースを『みんなの経済新聞』に送る」ということです。

もしも、地域性のある商品やサービスを展開したいならば、プレスリリースを「みんなの経済新聞」に送るのがおすすめです。なぜならば、「みんなの経済新聞」は、その地域を盛り上げるトピックスならば、採用される確率が高いメディアだからです。

　母体が「みんなの経済新聞」で、支部のようなかたちで「ヨコハマ経済新聞」「姫路経済新聞」「日本橋経済新聞」などが存在しています。例えば、横浜にオープンしたスイーツ店を取り上げてもらいたい場合「ヨコハマ経済新聞」にプレスリリースを送るといったことが考えられます。

　「みんなの経済新聞」に取り上げられたトピックは、Yahoo! ニュースに転載される場合がある点でも、活用すべき魅力的なメディアだといえます。


## ④異業種企業とのアライアンスで「相互送客」

　前項にやや関連するのが、4つ目の原則**「異業種企業とのアライアンスで『相互送客』」**です。「メディア露出逆算型」のプロジェクトを作る際には、**異業種企業とのアライアンスによって「話題性のあるニュース」**を作り、集客・売上拡大・相互送客につなげるのも手です。
　**アライアンス（alliance）とは、2社以上の企業が戦略的に業務提携を行うことで、利益を上げることです。**コラボレーションとほぼ同義の言葉です。

例えば、証券会社が富裕層の顧客を増やしたい場合。クレジットカード会社とのアライアンス提携が考えられます。クレジットカード会社では、ゴールドカードやブラックカードなどの利用者がいますが、こうしたカードを所有する富裕層は、証券会社にとっても、有効なリードになる可能性が高いからです。

　クレジットカード会社にとっても、証券会社とのアライアンスは、メリットの大きい業務提携になる可能性があります。クレジットカード会社が、今までタッチできていなかった顧客にアプローチできる可能性があるからです。

　**このように、異業種だが「欲しい顧客リストが被る」「相互送客が可能である」「互いにとって Win-Win である」といった場合には、アライアンスを検討してみるのがおすすめです。**

　ただし、個人情報保護の観点から、いきなり顧客リストや見込み顧客リストを共有するわけにはいきません。そのため**「顧客の興味を引くコラボレーション企画」**をプランニングし、イベント参加などを通じて、顧客リストを獲得するのが現実的です。

　ユニークな事例として**「ステーキ店×入れ歯の製作会社」によるコ**ラボレーション企画が挙げられます。これは「証券会社×クレジットカード会社」と比べて、かなり意外性があるかもしれません。このコラボでは、ステーキ店の店内に、入れ歯の製作会社のポスターを貼る一方、入れ歯の製作会社の接客ルームに、ステーキ店のポスターを貼ることで、相互送客を狙いました。ポスターは、以下のようなキャッチコピーを添えました。

【「ステーキ店×入れ歯の製作会社」によるコラボレーション企画】

- 「入れ歯の製作会社」に掲載したポスターの内容

    「自分に合った入れ歯を作って、ジューシーで肉厚な美味しいステーキを食べに行こう！」

- 「ステーキ店」に掲載したポスターの内容

    「美味しいステーキをたくさん食べるために、入れ歯を作りに行こう！」

ターゲットは、本当は噛み応えのあるステーキを食べたいが、食べやすいハンバーグで我慢している高齢者の方々です。ステーキ店に足を運んだとき、周りを見渡すと意外とおじいちゃんやおばあちゃんがいることに気づきました。そのとき「お年寄りの方々も、ステーキを思いきりかぶりつきたいんじゃないか」と思ったのです。

このコラボでは「美味しいステーキを食べる」という目的を叶えるための手段として入れ歯の会社による「入れ歯の製作」をうながす一方、入れ歯を製作した先のお楽しみとして「美味しいステーキ店で思いきりステーキにかぶりつける」というベネフィットを提示する構図になっています。

上記に挙げたようなキャッチコピーを組み立てた結果、相互送客が実現しました。ちょっとした話題にもなり、ステーキ店では、売上が「前年比20％増」となりました。

「証券会社×クレジットカード会社」によるコラボのように、欲しい顧客層が被っていなくても、共感されたり、おもしろいニュースだと思われれば、相互送客につながる場合があるのです。


## ⑤「永続雇用」ではない「外部専門家」と組む

5つ目の原則が「永続雇用ではない外部専門家と組む」です。

一般的には、Webプロデューサーや Web マーケターの経験がある人材を中途採用したり、新卒をイチから育て上げることで、社内にノウハウや知見をストックしていきたいと考える企業が多いように思います。しかし、それはデジタルマーケティング会社や、予算的に体力がある会社がやるべきことです。

デジタルマーケティングのキーパーソンとして挙げた6者のような専門家は、自社で育てるのではなく、必要なときに必要なサポートを受けるのがおすすめです。

なぜならば、「何をやるべきか」「どう集客を行うか」「どんなアプローチがターゲットに刺さるか」などについて熟知している専門家とタッグを組んだ方が、デジタルマーケティングの実装までにかかる時間が2倍速くなり、成果は数倍以上になるからです。

【デジタルマーケティングのキーパーソン】

① Web プロデューサー
② Web ディレクター
③ Web マーケター（広告代理店）
④ Web エンジニア／ Web デザイナー／ Web ライター
⑤ SNS 専門家
⑥ Web コンサルタント

　本書でご説明している通り、デジタルマーケティングそのものを理解するのは、それほどむずかしくありません。しかし、デジタルマーケティングの実装には、それなりに知識と経験が必要になります。

　プログラミングや Web 解析、デザイン、広告運用など、経験と修業が必要な業務が少なくありません。「即効性」と「費用対効果」を考えるならば、最初は専門家を迎え入れることを検討してみてください。

　なお、専門家を選定する際には、大きく分けて２つのポイントがあると、私は考えています。専門家に協力をあおぐ際の参考にしてみてください。

【デジタルマーケティングの専門家を選定する際のポイント2つ】

• 専門用語を使わず平易な言葉で説明してくれる
• デジタルマーケティングの上流から下流まで精通している

## ●専門用語を使わず平易な言葉で説明してくれる

**むずかしい専門用語を使わないで、わかりやすく説明してくれる専門家**であることが第一条件です。

なぜならば、むずかしい専門用語を並べ立てられると、提案内容そのものが理解できなくなり、意思疎通ができなくなるからです。あなたのなかにノウハウが貯まりにくくなる点でも、デメリットしかありません。

例えば、商品購入につながった顧客の流入経路をチェックする場合。検索連動型広告、バナー広告、SNSなどの「流入元」ごとに「問い合わせボタン」のクリック率を比較して「コンバージョン率（CVR）」を確認することがあります。

仮に、SNS経由の顧客のコンバージョン率が「５％」で、検索連動型広告経由の顧客が「0.5％」ならば「SNSをより強化しよう」「検索連動型広告のコピーを再検討しよう」といった話になったりします。

このとき「検索連動型広告はCVRが悪いです。いったんペンディングして、コピーを見直しましょう。SNSはCVRが高いので、引き続き進めていきましょう」とか言われても、一瞬よくわからないと感じる方も多いのではないでしょうか。

専門家であれば、意味がわかりますが、デジタルマーケティングの実施経験が少ない方であれば、なんのこっちゃとなる可能性があります。

一方、以下のような伝え方だったらどうでしょうか。

「検索連動型広告をみて化粧品Ａを購入した人の割合は、たったの0.5％でした。一方、SNS経由で化粧品Ａを購入した人の割合は５％です。

SNSの方が、10倍、広告効果が高いようですよ。なので、検索連動型広告は、コピーを見直して出稿しませんか。SNSはいい結果が出ているので、このまま様子をみていきましょう」

前者よりも格段にわかりやすい提案ではないでしょうか。こんなふうに、相手の知識レベルに合わせて、現状をわかりやすく説明してくれる専門家だと、安心して任せられると思います。

専門家を選ぶ際には「専門用語を使わない」「誰にでもわかるように説明してくれる」の２点を押さえてみてくださいね。


● **デジタルマーケティングの上流から下流まで精通している**

デジタルマーケティングの専門家や事業者のなかには、自社が得意とするサービスを売りつけたり、顧客の要望に沿わない提案を悪びれもなく行う事業者が後を絶ちません。

例えば、ある会社が、SNS映えスイーツを流行らせるために、SNSやバナー広告を使って認知拡大をしたいのに、自社がFacebook広告

の運用に強いために、Facebook 広告の提案を無理矢理行うといった具合です。

このように、我田引水型の提案を行う専門家は、実はかなり多いです。そして、そういった専門家の口車に乗せられて、大損してしまったという話も残念ながら耳にします。

そのような失敗をしないためには、**デジタルマーケティングの上流から下流まで精通していて、提案のカードをたくさん持っている専門家**を最低でも1人雇うのがおすすめです。
デジタルマーケティングの全体像がみえているため、包括的な提案をしてくれるからです。

例えば、SNS 集客、デジタル広告運用、リードマグネットの設計、ランディングページ（LP）の設計、企業ホームページ（コーポレートサイト）の制作、アプリ開発のディレクション経験があり、デジタルマーケティングの上流から下流までワンストップで依頼できるような専門家です。
まだまだ市場には多くないですが「Web コンサルタント」のような人材がいれば、集客に成功する確率が上がります。

冒頭でもお伝えした通り、SNS 運用だけ行ったり、SEO 対策だけ行ったりして売上がアップするケースは決して多くありません。全体像を理解したうえで、必要な施策を一つひとつ実行していくに限ります。

上流から下流まで精通している専門家がいれば、プロジェクトメンバーを集めてきてくれることが多いため、一石二鳥で助かるでしょう。

　以上が、ぜひとも押さえてほしい「５原則」です。ここで挙げたポイントを踏まえてデジタルマーケティングを実行することで、さらなる集客・売上拡大が見込めます。参考にしてみてください。

# 絶対やっては いけない！ デジマ撃沈型 アクション

## 社長室主導、営業部別働
マーケティング部が社内各署と連携を執って進めるもの

## 広告打てば注文来る幻想
広告打って大儲け…の前に「どの広告」かを正しく分析

## SNS 投稿で批判、レスバ
投稿チェック不足、投稿者不足。炎上は企業の黒歴史

## 一業者丸投げ
それぞれの得意分野・強味を考慮して、適した会社を選定

## すべてに自分起用
重要事項以外まで首を突っ込むと必ずキャパオーバー

もっと質問、検索して探検はいいけど、なりすまし URL は踏んだらアカン

第4章

# 「知っているか否か」が
# "命運"を分ける!
# 重要ポイント5選

# あなたは、各 SNS の特徴をいえますか？

　第 4 章では「デジタルマーケティングを成功に導くために押さえたい重要ポイント」について、解説したいと思います。1 つ目は「SNS」に関することです。

　本書では「認知拡大」におけるタッチポイントの一つとして SNS を挙げました。そして、注文住宅の場合には、30 代女性がターゲットであることから、Instagram の利用を推奨しました。Instagram は、30 代の女性が、情報収集の手段として用いることが多い SNS だからです。この事例からわかる通り、商品・サービスを購入する可能性が高い見込み顧客の特性によって、注力すべき SNS が異なります。具体的には、以下のようなロジックで、注力すべき SNS を決定します。

---

**● 注文住宅の場合**

　注文住宅を購入するのは、30 代〜 40 代が多い。なかでも、注文住宅の購入を希望したり、工務店選びを主導するのは、妻（マイホームに「憧れ」や「趣味趣向」を取り入れたいと考える傾向が強いため）。そのため、30 〜 40 代の女性が情報収集の手段に用いる「Instagram」の運用に注力する

---

　本項では、各 SNS ごとの利用者の傾向を一覧で簡単にまとめてみました。貴社の商品・サービスのターゲット像を踏まえて、優先的に運用すべき SNS がどれなのか、チェックしてみてください。

| SNS | 利用者の傾向／こんな方におすすめ |
|---|---|
| **Facebook**<br>（フェイスブック） | **【利用人数】**<br>2,600万人（2019年7月時点／日本）<br><br>**【SNSの特徴】**<br>・30 〜 50代が活発に利用している<br>・実名登録が基本であるため、ターゲティング広告の精度が高い（＝集客効果が得られやすい）<br>・28億人以上のユーザー数を誇る「世界最大のSNS」（2021年4月時点）<br><br>**【こんな方におすすめ】**<br>・「30 〜 50代」にアプローチしたい方<br>・「経営者」にアプローチしたい方<br>・「BtoBビジネス」の集客に役立てたい方<br>・商品・サービスを「グローバル展開」したい方 |
| **X（旧Twitter）**<br>（エックス） | **【利用人数】**<br>4,500万人（2018年10月時点／日本）<br><br>**【SNSの特徴】**<br>・10代後半〜 20代の若年層が活発だが、40代以上も一定数、利用している<br>・「リポスト機能」により情報伝達スピードが速いため「イベント告知」や「キャンペーン」が拡散されやすい（＝集客効果が得られやすい）<br>・投票・アンケート機能があるため、「VOC（顧客の声）」の収集が可能<br>・匿名ユーザーが多いため、炎上が発生しやすい<br><br>**【こんな方におすすめ】**<br>・10代後半〜 20代の若年層にアプローチしたい方<br>・「イベント告知」や「キャンペーン」を使って集客したい方<br>・商品開発のために「VOC（顧客の声）」を集めたい方 |

| | |
|---|---|
| **LINE**<br>（ライン） | **【利用人数】**<br>9,500万人（2023年3月時点／日本）<br><br>**【SNSの特徴】**<br>・国内でもっとも普及しているSNS<br>・アジア圏でもユーザー数が急速に拡大している<br>・年齢・世代問わず、幅広い世代にアプローチができる<br>・ビジネス用の公式アカウント「LINE公式〜」は優れた集客ツール（メッセージ、クーポン、アンケート配信などさまざまな機能が搭載されている）<br>・「友だち」としてつながったユーザーにしか発信できない<br><br>**【こんな方におすすめ】**<br>・年齢・世代問わず、幅広い世代にアプローチしたい方<br>・使い慣れているSNSで集客したい方 |
| **Instagram**<br>（インスタグラム） | **【利用人数】**<br>3,300万人（2019年6月時点／日本）<br><br>**【SNSの特徴】**<br>・20代〜40代の女性が活発に利用している<br>・コスメやアパレルなど女性向けのアプローチに有効<br>・画像や動画などを用いた「ビジュアル訴求」をしたい商品に最適<br>・FacebookやX（旧Twitter）と異なり「シェア機能」がないため拡散性が低い<br><br>**【こんな方におすすめ】**<br>・20代〜40代の女性向けの商品・サービスを取り扱っている方<br>・商品の「ビジュアル」をアピールして集客したい方 |

| | |
|---|---|
| **YouTube**<br>（ユーチューブ） | **【利用人数】**<br>7,120万人（2023年5月時点／日本）<br><br>**【SNSの特徴】**<br>・年齢・世代問わず、幅広い世代が利用している<br>・ビジネスにおいては「ノウハウの解説動画」や「ユーチューバーによる商品紹介動画」などのコンテンツがアップされている<br>・動画コンテンツを用意する必要があるため、ほかのSNSよりも更新の手間がかかる<br>・更新の負担が少ない60秒以下の「ショート動画」がスタートしており、注目を集めている（TikTokに類似したコンテンツ形式）<br><br>**【こんな方におすすめ】**<br>・年齢・世代問わず、幅広い世代にアプローチしたい方<br>・動画で「ノウハウの解説」「商品紹介」「イベント告知」などを行いたい方 |
| **TikTok**<br>（ティックトック） | **【利用人数】**<br>1,700万人（2021年9月時点／日本）<br><br>**【SNSの特徴】**<br>・15秒〜1分の「ショート動画」を閲覧できるSNS<br>・「10代〜20代の若年層」が活発に利用している<br>・直感的に使える「動画編集機能」があるため、更新しやすい<br>・ビジネスでは「ノウハウの解説」「商品の使い方の解説」などのコンテンツがアップされている<br>・広告を出稿する以外に「商用利用」が不可（商品のPRやクーポン情報の提供などの宣伝はNG）<br><br>**【こんな方におすすめ】**<br>・若年層にアプローチしたい方<br>・動画を用いて「ノウハウの解説」「商品の使い方の解説」などを行いたい方 |

| | |
|---|---|
| **LinkedIn**<br>（リンクトイン） | **【利用人数】**<br>300万人（2022年8月時点／日本）<br><br>**【SNSの特徴】**<br>・国内ユーザー数は少ないが、海外は8億ユーザーいる<br>・海外ユーザーは「Facebook ＝プライベート」「LinkedIn ＝ビジネス」という使い分けをしている<br>・実名・顔出し登録が基本<br>・経営者にアプローチしやすいSNS<br>・「採用活動／商品PR ／コラボ先の選定／パートナー企業の選定」など、ビジネスでフル活用できる<br><br>**【こんな方におすすめ】**<br>・商品・サービスを「グローバル展開」したい方<br>・経営者にアプローチしたい方<br>・ビジネス利用に特化したSNSを活用したい方 |

　一覧表を参考に、ターゲットと親和性のあるSNSを運用するのがベストです。しかし、なかには、こんな悩みがある方もいるのではないでしょうか。

　「自社のターゲットと親和性があるのはInstagramだが、普段、X（旧Twitter）で情報収集している。Xの方が親しみやすいから運用を頑張れそうなんだけど…」

　**このような場合には、臆せず、使い慣れたSNSの更新を頑張ってみてください。**なぜならば、SNS運用は、コツコツと地道に投稿し続けなければならないものだからです。自分にとって親しみのあるSNSであれば、そう悩まずに発信できるため、継続できる確率がグンと上がるでしょう。

SNS 投稿が日々の日課になってきたタイミングで、見込み顧客が好んで利用する SNS にも、チャレンジしてみてください。一段、一段、階段を上っていくように、少しずつ投稿する習慣を身につけていけばよいのです。

---

## 「バナー広告」と「検索連動型広告」の使い分け方

---

　第 1 章でも触れましたが、代表的なデジタル広告に「バナー広告」と「検索連動型広告」の 2 つが挙げられます。

　**バナー広告とは、ホームページ、アプリ、ポータルサイト、企業のオウンドメディアなどに「画像（動画）＋コピー（＋ボタン）」の形式で表示される広告です。** クリックすると、ランディングページ（LP）や商品紹介サイトに飛ぶのが一般的です。バナー広告は、Google による「GDN（Google ディスプレイネットワーク）」と Yahoo! が提供する「YDA（Yahoo! ディスプレイ広告）が有名です。バナー広告の料金体系は「クリック課金」が主流ですが、ほかにも以下のような料金体系があります。

| 【バナー広告の料金体系】 | |
|:---:|:---|
| クリック課金型 | ユーザーがバナー広告を「クリックした回数」に対して費用を支払う |
| インプレッション課金型 | ユーザーのデバイス画面に広告が「表示された回数」に対して費用を支払う |
| 期間保証型 | 1ヵ月や2週間などの「掲載期間」に対して費用を支払う |
| 成果報酬型 | ユーザーがバナー広告をクリックして「問い合わせ」や「購入」に至った件数に対して費用を支払う |

一方「検索連動型広告」は、Google や Yahoo! などの検索エンジン上で、ユーザーが検索したキーワードと連動して、検索結果ページの上方などに表示されるテキスト広告のことです。一般的には「リスティング広告」と呼ばれているものです。検索連動型広告も、ランディングページ（LP）や商品紹介サイトがリンク先に設定されていることが多いです。検索連動型広告も「クリック課金」が主流です。

　**これら２つのデジタル広告について「どうやって使い分けたらいいのか、よくわからない…」といった相談を受けることがあります。**

　デジタルマーケティング関連の書籍でも、その点について、しっかりと解説しているものは多くありません。企業によってさまざまな使われ方をしていますので、一概にはいえないのがその理由だと思います。しかし実は、成果が出やすくなる「使い分けの基準」があります。一つずつ、みていきましょう。

---

**【「バナー広告」と「検索連動型広告」の効果的な使い分け方】**

●バナー広告
　➡「認知拡大」を行いたいときに用いる

●検索連動型広告
①商品やサービスの「認知拡大」をしたい：
　➡検索ボリュームの多い「人気の一般ワード」で攻める

②自社・他社含めて検討中の「見込み顧客」を獲得したい：
　➡ニーズが絞り込まれたロングテールの「一般ワード」で攻める

---

③**限られた予算内で、なるべく早く集客したい：**

➡それなりに検索ボリュームがあるが、クリック単価が安い
ロングテールの「一般ワード」で攻める

④**商品やサービスに興味がある「今すぐ客」に
アプローチしたい：**

➡自社の社名・商品名・サービス名などが含まれる「指名ワー
ド」で攻める

---

## バナー広告

---

### 「認知拡大」を行いたいとき

バナー広告は、ほとんど知られていない商品やサービスの「認知拡大」
を行いたいときに用いる広告です。

一例として、管理栄養士が監修する「栄養満点の宅配食品」提供す
る宅配食品サービスを想定して考えてみたいと思います。ペルソナは
「未就学児を育てる30代のワーキングマザー」です（最近では「nosh
（ナッシュ）」や「Oisix（オイシックス）」など、さまざまな宅配食品
ブランドが注目を集めていますね）。

●ペルソナ（未就学児を育てる 30 代のワーキングマザー）の悩み

　「夕食の支度がたいへんなときには、スーパーのお惣菜に頼っているけれど、本当は栄養バランスのよい食事を子どもに食べさせたいなぁ…」

　「でも、家事代行やハウスキーピングのサービスを頼むほどの予算がない」

　「この現状、どうにかならないかな」

　上記のような悩みを抱えるワーキングマザーが**「栄養満点の夕食を1食 500 円で提供！」**といったキャッチコピーの「宅配食品サービス」のバナー広告を目にしたらどうでしょう。そのママさんは「私の悩みを解決してくれる商品だ！」と思うのではないでしょうか。そして、バナー広告をクリックして、ランディングページ（LP）をみてくれるかもしれません。

　**このように、自社商品について知らないユーザーに対して「こんな商品があるんだよ！」と、知らせたいときに用いるのがバナー広告です。**

　なかには**「バナー広告って、クリック率（CTR）が低いよね。あまりやっても意味がないと思うんだけど…」**と思う方がいるかもしれません。実際に、私のクライアントさんでも、同様の疑問をお持ちの方がいらっしゃいました。

　その疑問に対する答えですが、私は**「クリック率（CTR）が低くても、出稿する価値がある」**と考えています。ケースバイケースですから、

絶対ではありませんが、最初から「意味がない」と排除してしまうのは、非常にもったいないと思います。

　**なぜならば、広告への接触頻度が高まるほど、購買意欲が高まるのが人間というものだからです。**これは「単純接触効果（ザイオンス効果）」という行動心理学の概念でも説明されています。Web関連のプラットフォーム会社さんとお話しする機会があったのですが、そのときに非常に興味深い話を聞きました。**広告を７〜８回ほど流すと、人は商品の名前や内容を認知し、見込み顧客として育成される可能性が高まるのだそうです。**

　テレビCMなどは、まさに単純接触効果を狙った広告手法であり、バナー広告に似ています。例えば、ダイエット食品があった場合。何度もCMを目にするうちに、商品名や商品の内容を理解するようになります。そして、店頭などで、商品を目にしたタイミングで「そういえば、CMでやっていた商品だな。ダイエットしたいし、試しに購入してみるかな」と思うことがあります。

　バナー広告を目にして、すぐに商品を購入する人は、それほど多くないでしょう。しかし、商品が必要になったタイミングで、商品名を検索したり、ランディングページ（LP）をチェックする可能性が高まるのです。
　子育てに追われているワーキングマザーの例でいえば、広告を目にしてしばらく時間が経ってから「やっぱり、夕飯の用意がしんどいな。自分の作るごはんの栄養バランスも気になる。バナー広告でみた宅配

食品サービス、美味しそうだったし、ちょっと調べてみようかな」と
考えるかもしれません。

　バナー広告については「すぐに結果が出なくて当たり前」と思うこ
とが大切です。そして「広告の表示回数（インプレッション数）」が積
み上がるなかで、一歩一歩『認知拡大』が実現しているんだ」と考え
ていただきたいと思います。
　「自社商品の知名度を上げたい」「認知拡大して、見込み顧客を増や
したい」というときにぜひ、活用してみてください。

---

## 検索連動型広告

---

### ①「認知拡大」をしたい：
### 検索ボリュームの多い「人気の一般ワード」で攻める

　「検索連動型広告」を用いるおすすめのタイミングの一つが「認知
拡大」を行いたいときです。前項では「認知拡大にはバナー広告がよい」
とお伝えしましたが、検索連動型広告の活用も有効なのです。

　認知拡大を行いたい場合には、検索ボリュームの多い「人気の一般
ワード」で攻めるようにしてください。一般ワードとは、固有名詞で
はなく一般名詞の検索ワードのことです。例えば「トマト」が一般ワー

ドで、その反対に「フルティカ（トマトの品種）」などの固有名詞が「指名ワード」です。

　先ほどの宅配食品会社が、ブランド名を多くの人に知ってもらいたい（＝認知拡大を行いたい）場合。**「宅配食品」や「宅配食」といった「一般ワード」で検索連動型広告を出稿することが考えられます。**
　一方、食品の場合。「フルティカ」という品種のトマトを使ったトマトジュースを販促したいならば、最初に攻めるべきキーワードは「フルティカ」や「フルティカ　ジュース」などではなく「一般ワード」である「トマトジュース」にするのです。

　なぜ、認知拡大の段階で「一般ワード」のキーワードで出稿するのがよいのでしょうか。**それは、検索する人の母数（検索ボリューム）が多いため、より多くの人に、商品の存在を知ってもらえるチャンスがあるからです。**「とにかく認知度を高める段階だ」というときには、「一般ワード」で出稿してみてください。

　とりわけ、宅配食品のように、商品単価が低いが、リピート購入によって収益を上げるビジネスモデルの場合には「顧客の母数をどれだけ集めるか」にかかっています。まとまった数の顧客を集められられなければ、相応の売上を上げられないでしょう。
　無名の商品やサービスこそ「認知拡大」を大事にしてください。認知拡大は、作物が実る前の「種まき」だと考えることが大切です。
　なお、1点、注意点があります。「一般ワード」で検索する顧客は、購入や問い合わせに至りにくいということです。この点は、バナー広

告と同じです。

　例えば「宅配食品」と「宅配食品　ヘルシー」であれば、どちらの方が、商品購入につながりやすいと思いますか。いわずもがな「ヘルシーな宅配食品が欲しい」という明確なニーズを持って検索された「宅配食品　ヘルシー」のキーワードです。

　検索ボリュームの多い「一般ワード」の出稿で、商品を知ってもらえたら、次は「ニーズが絞り込まれたロングテールの一般ワード」で出稿しましょう。宅配食品ならば「宅配食品　ヘルシー」などのキーワードで出稿するということです。なぜならば、このキーワードで検索するユーザーは明確に「ヘルシーな宅配食品を購入したい」というニーズがあり、商品を比較検討した結果、よい商品だと思えれば、商品購入につながりやすいからです。

　この施策には、もう一つメリットがあります。それは、競合が少ないため、上位表示されやすくなるということです。Googleの検索連動型広告は入札制です。複数の事業者が同じキーワードで入札した場合、「入札金額」に加えて「遷移先のWebページの品質」もチェックされます。入札金額・Webページの質のいずれも高評価であれば、高いクリック率が期待できる上位の広告枠に表示されます。入札制が導入されているなかで「競合が少ない」というのは、上位表示のハードルを一段

下げられる「魅力的なアドバンテージ」なのです。検索ボリュームを調べられるツールを使って、「宅配食品」と「宅配食　ヘルシー」というキーワードを見比べてみた結果、以下のような違いがありました。

| 「検索ボリューム・有料難易度・クリック単価」の違い | | |
|---|---|---|
| 項目 | キーワード | |
| | 「検索ボリュームの多い一般ワード」 | 「検索ボリュームの少ない一般ワード」 |
| | 「宅配食品」 | 「宅配食　ヘルシー」 |
| 検索ボリューム | 320 | 10 |
| 有料難易度 | 100 | 86 |
| クリック単価（CPC） | 203.58 円 | 215.05 円 |

出典：Ubersuggest

検索ボリューム：
　１ヵ月あたりの検索数

有料難易度：
　キーワードの人気度（＝どれくらい競合が多いか）を表わす指標

クリック単価：
　検索ユーザーが１クリックするごとに課金される金額

　ご覧いただくとわかる通り、有料難易度は、「宅配食　ヘルシー」の方が少ないです。「宅配食　ヘルシー」の方が、**上位に表示されやすいキーワードだと考えられます。**

ただし、このキーワードの場合、「検索ボリューム」が少なすぎます。例えば「不動産投資」や「アパート経営」「マンション」など、購入単価が高い商品であれば、「検索ボリュームの少ない一般ワード」による出稿でもよいと考えられますが、宅配食品の場合には、単価が低いため、検索ボリュームが少なすぎると、総売上が大きく下がる可能性があります。宅配食のように、商品単価が低い場合には、もう少し検索ボリュームの多いキーワードを再検討した方がよいでしょう。

③限られた予算内で、なるべく早く集客したい：
それなりに検索ボリュームがあるが、クリック単価が安いロングテールの「一般ワード」で攻める

　前項でお伝えした通り「ニーズが絞り込まれたロングテールの一般ワード」は、一定のメリットがあるものの、どちらかといえば「高額商品向けのキーワード」だといえます。**それでは、宅配食品のような低額商品の場合には、どんなキーワードがよいのでしょうか。**私がおすすめするのは「**それなりに検索ボリュームがあるが、クリック単価が安いロングテールの一般ワード**」です。便宜上「中間ワード」と表現しましょう。

　**なぜ、中間ワードがいいのでしょうか。それは、クリック単価（CPC）を抑えられるうえ、まとまった数の見込み顧客を集められるキーワードだからです。**私が行う企業様向けのコンサルティングでも、中間ワードをしっかりと攻略することを、強くおすすめしています。

例えば、「宅配　ヘルシー弁当」というキーワードがあるとしましょう。この場合、検索ボリュームは「140」なので、それなりに検索されているキーワードであることがわかります。クリック単価は「宅配食」よりも高めの結果になっていますが、競合難易度は「44」なので、競合は少なく、上位表示されやすいです。従って、比較的バランスが取れたキーワードだと考えられます。

「宅配　ヘルシー弁当」は「宅配食品」よりも「ヘルシーな宅配弁当が食べたい」というニーズが明確なため、商品購入につながりやすいという点でも、出稿メリットがあります。**中間ワードは、総合的にみてバランスがよく、集客効果が得られやすいキーワードなのです。**

| 「検索ボリューム・有料難易度・クリック単価」の違い | | | |
|---|---|---|---|
| 項目 | キーワード | | |
| | 検索ボリュームの多い一般ワード | 検索ボリュームが中間くらいの一般ワード（中間ワード） | 検索ボリュームの少ない一般ワード |
| | 「宅配食品」 | 「宅配　ヘルシー弁当」 | 「宅配食　ヘルシー」 |
| 検索ボリューム | 320 | 140 | 10 |
| 有料難易度 | 100 | 44 | 86 |
| クリック単価（CPC） | 203.58円 | 246.77円 | 215.05円 |

出典：Ubersuggest

**商品名やブランド名が、じゅうぶんに認知されたら、社名・商品名・サービス名などが含まれる「指名ワード」で出稿しましょう。**例えば、宅配食の場合「ナッシュ」や「オイシックス」などで出稿するということです。**なぜならば、指名ワードがもっとも商品購入や問い合わせに近いキーワードだからです。**

　例えば、積極的なデジタル広告の出稿により、宅配食品ブランドとして、一定の認知を獲得したナッシュの場合。**その検索ボリュームは「11万」にも達しています。**これはすごいことですね。クリック単価（CPC）は「宅配食」の3倍以上ではあるものの、検索ボリュームは「約343倍」なので、出稿する価値はじゅうぶんにあるといえるのではないでしょうか。クリック単価（CPC）は「704.65円」と高額ですが、有料難易度は「33」であるため、競合が少ないです。上位表示される可能性が高い点でも、出稿メリットが大きいです。

| 「検索ボリューム・有料難易度・クリック単価」の違い | | | | |
|---|---|---|---|---|
| 項目 | キーワード | | | |
| | 検索ボリュームの多い一般ワード | 検索ボリュームが中間くらいの一般ワード（中間ワード） | 検索ボリュームの少ない一般ワード | ブランド名が含まれる指名ワード |

| | 「宅配食品」 | 「宅配ヘルシー」 | 「宅配食ヘルシー」 | 「ナッシュ」 |
|---|---|---|---|---|
| 検索ボリューム | 320 | 140 | 10 | 110,000 |
| 有料難易度 | 100 | 44 | 86 | 33 |
| クリック単価（CPC） | 203.58 円 | 246.77 円 | 215.05 円 | 704.65 円 |

出典：Ubersuggest

　以上の通り、デジタルマーケティングで重要となる「出稿戦略」について詳しく解説しました。**商品やブランドの「知名度」や「価格（低単価商品か、高額商品か）」などに応じて、出稿キーワードを使い分けてみてくださいね。**

## まずはこれだけ押さえて！<br>ランディングページ（LP）作成のコツ３個

　「バナー広告」や「検索連動型広告」の飛び先に設定するランディングページ（LP）。商品購入や問い合わせなどの成果（コンバージョン）を引き出すうえで、もっとも重要な役割を果たすコンテンツの一つです。人間の代わりに 24 時間 365 日体制で、商品やサービスの魅力を宣伝してくれる頼もしい存在です。

"優秀な営業マン"であるランディングページ（LP）ですが、そのコンバージョン率は「平均2〜3％程度」だといわれています。100人の訪問（セッション）があったら、そのうち2〜3人が「購入ボタン」「問い合わせボタン」「資料請求ボタン」などをクリックするということです。もちろん、掲載する商品やサービスによって大きく異なるため、10％近いコンバージョン率の場合もありますし、2〜3％以下になるケースもあります。

しかし、コンバージョン率が「1％未満」であるような場合には、ランディングページ（LP）になんらかの問題が潜んでいる可能性があります。つまり、見込み顧客が購入ボタンを押そうと思えない「ネガティブな理由」があるということです。

もし、あなたの会社のランディングページ（LP）が、同様の状況でしたら、ランディングページ（LP）の改善を行う「ランディングページ最適化（LPO ／ Landing Page Optimization）」に取り組むべきです。取り組むべきことは、以下の通り、数えきれないほどあります。

---

**【代表的な「ランディングページ最適化（LPO)」施策】**

● 「問い合わせボタン」以外のリンクを極力設置しない
　➡ほかのページに遷移することによる「離脱」を防ぐため

●ページの「読み込みスピード」を高める
　➡表示スピードが遅いとユーザーは「離脱」しやすいため

---

●レスポンシブ対応（スマホ閲覧最適化）を行う

➡パソコンよりもスマホから閲覧するユーザーが多いため。
「ユーザビリティ」を高めることで、離脱対策になる

こうしたLPO対策のなかでも、デジタルマーケティング初心者の方に対して「特に伝えておきたい重要ポイント」に絞って、詳しく解説します。一つずつ、みていきましょう。

【ランディングページ最適化（LPO）で押さえたい
重要ポイント3つ】

① 「競合サイト」の"いいところ"は積極的に採用する
② 「共感」「信頼性（口コミ）」「お得」に関する情報を盛り込む
③ 「問い合わせボタン」はコンテンツの途中にも随時挿入する

## ① 「競合サイト」の"いいところ"は積極的に採用する

「競合他社のランディングページ（LP）の方が優れている」と思える箇所があれば、臆せず、自社のページに取り入れてみましょう。例えば、検索連動型広告で、自社よりも上位に表示されることが多い競合サイトのランディングページ（LP）をチェックしてみてください。もちろん、丸ごとパクるのはNGです。「これはいいアイデアだな」「問

い合わせをしたくなるな」と思った要素を真似してみるのです。

　例えば、競合サイトの「問い合わせボタン」の色が赤で、自社が青ならば、赤にしてみるといった具合です。ちょっとした違いが、大きな差を生むことがあります。また、ランディングページ(LP)の訴求テーマを参考にしてみるのもよいアイデアだと思います。

　例えば、不動産投資会社が、マンション経営をすすめるランディングページ（LP）を作る場合。「高利回りですよ」「掘り出し物のお宝物件を紹介しますよ」といった訴求をするケースが多いです。
　一方、ある競合のランディングページ（LP）では「マンション経営をすると節税対策にもなるんですよ」といった切り口で訴求していました。「なるほどな。今までにない切り口だな」と思ったので、自社のランディングページ(LP)にも、同様の訴求の切り口を取り入れたことがあります。

　このように、競合他社のアイデアを参考にすると、拾え切れていなかった見込み顧客にアプローチできるようになります。「いいな」と思ったポイントは、リスペクトし、素直に取り入れてみる。これが、LPO対策を行ううえで、ぜひとも押さえていただきたいことです。

### ②「共感」「信頼性（口コミ）」「お得」に関する情報を盛り込む

　成果が上がらないランディングページ（LP）にはなくて、売れるラ

ンディングページ（LP）の多くが押さえているポイントが３つあります。それは「共感」「信頼性（口コミ）」「お得」です。

　どんなランディングページ（LP）も、顧客心理の流れに沿って３つのポイントがしっかりと訴求されていれば、売れるランディングページ（LP）になります。いずれか１つだけでも、見込み顧客の心が動く場合がありますが、３つのポイントのうち、どれで心が動かされるかは予測できません。そのため、３つとも揃っているランディングページ（LP）の方が、成果が上がりやすいです。

| 【ランディングページ (LP) の基本構成：「コンテンツ・感情」の流れ】 | | |
|---|---|---|
| 訴求ポイント | キーワード | 見込み顧客の感情 |
| | ①ファーストビュー<br>見込み顧客の心を鷲づかみにする「キャッチコピー」 | 「私の欲しい商品かもしれない」 |
| ★共感 | ②共感／問題提起／願望提起<br>見込み顧客に対して「こんな悩みありませんか?」と問いかける | 「そうそう、それが悩みなんだよね」 |
| | ③解決策の提示<br>商品を紹介する | 「へぇ、こんな商品があるんだ。知らなかった」 |
| | ④メリットの訴求<br>「商品を購入するメリット（ベネフィット）」や「商品が選ばれている理由」「他社比較」を説明する | 「いい商品かも！」 |
| ★信頼性<br>（口コミ） | ⑤メリットの裏づけ／導入実績<br>「お客さまから寄せられた声」を紹介する | 「信用できそうだな」 |

| ★「お得」 | ⑥期間限定の「割引価格」の提示<br>すぐに購入してもらいたい場合に「期間限定価格」を提示する | 「買うなら、今だな」 |
|---|---|---|
| | ⑦小さな「疑問・悩み」の解決<br>「よくあるご質問」などで疑問・悩みをクリアにする | 「へぇ、それなら、商品を購入して失敗する可能性は低いだろう。購入しよう」 |

　例えば、オンライン受講ができる「中学受験対策塾」の場合。見込み顧客である親御さんに対して、以下のようなコンテンツを盛り込むことで、売れるランディングページ（LP）になるでしょう。

| 「オンライン学習塾」で盛り込みたい3つのポイント<br>「共感」「信頼性（口コミ）」「お得」 | |
|---|---|
| 共感 | **お子さんの受験対策塾に対して、こんな悩みはないですか？**<br>「地方だから、受験対策塾が少ない。通わせたい塾もない…」<br>「有名講師の授業を受けさせたいが、近くに望ましい塾がない」<br>「睡眠時間を確保させたいが、通塾時間がもったいなく感じる」<br>「塾の日はお弁当を持たせるが、本当は自宅で食べてほしい」<br>「授業料は安い方がいい」 |
| 信頼性<br>（口コミ） | **当塾に寄せられたお客様の声**<br>「最初は、オンライン授業が不安でしたが、無事に合格できました」<br>「有名講師が多い点がよかったです。偏差値が低かった我が子も、<br>　第一志望校に合格できました」<br>「通塾時間がゼロになったので、睡眠時間を削らなくてよかったです。<br>　お陰様で、志望校に合格できました」 |

| お得 | **お得な入塾キャンペーンを期間限定で実施中です**<br>「今なら、期間限定で塾への入会金が０円に！」<br>「初月の授業料を半額にします」<br>「３ヵ月間通ってみて、ご満足いただけなければ、入会金をキャッシュバックします」 |
|---|---|

## ③「問い合わせボタン」はコンテンツの途中にも随時挿入する

　「問い合わせボタン（購入ボタン）」を、コンテンツの最後に１ヵ所だけ設置するランディングページ（LP）が少なくありません。しかし、**「問い合わせボタン（購入ボタン）」は、ランディングページ（LP）の最後だけでなく、コンテンツの前半や途中にも、随時挿入するようにしてください。なぜならば、ページの下方にいけばいくほど、離脱率が高まるからです。**

　私たちはしばしば「最後まで読み切らないと、意思決定できないだろう」「心から納得しなければ、商品を購入することはないだろう」と思いがちです。しかし、必ずしもそうとは限りません。コンテンツの途中でも、見込み顧客が「あぁ、これは私の欲しい商品だ」という確信が得られれば、最後まで読まなくても問い合わせボタンや購入ボタンを押します。その点を踏まえて、コンテンツの途中にも、随所に問い合わせボタンを設置しておくのが望ましいです。これは、意外と見落とされがちなポイントです。

以上3点が、ランディングページ（LP）経由の問い合わせを増やす
うえで心がけたいポイントです。ぜひ、貴社のLPO対策に取り入れて
みてください。

## 1記事目のクリック率は「13.94%」！ SEO記事の作成ポイント4つ

　Z世代を始めとする若年層は、SNSを用いて情報収集する傾向が強
いです。一方、40代以上のX世代においては、GoogleやYahoo!など
の検索エンジンを使った「インターネット検索」を行う人が多いこと
がわかっています。

　こういった情報を踏まえると、若年層が「インターネット検索」をしな
いと思い込んでしまう方がいるのですが、そういうわけではありません。
**若者たちはX ( 旧 Twitter) や Instagram などを用いて盛んに情報
収集するとともに、検索エンジンを使って、知りたい情報を調べてい
ます。**
　例えば、20代のサラリーマン男性が、Xで「儲かる副業」について
調べたとしましょう。そこで、「アパート経営」が儲かる副業だと目星
をつけた場合、アパート経営の「ノウハウ」や「高利回りが期待でき
るアパートを提供するハウスメーカー」などを探すのではないでしょ
うか。
　しかし、X上では、断片的な情報しか見つからないものです。自分
が知りたい情報が網羅的にまとめられたポストがない可能性が高いで

す。そこで、Google の検索エンジンで「アパート経営　コツ」「アパート経営　おすすめ　会社」といったキーワードで検索します。

　そして、検索結果の1ページ目などに表示された「比較サイト」や「アパート経営に強いハウスメーカーのホームページ」などもチェックして、アパートの購入先を決めることが考えられます。

　SNS が「信頼のおける商品」との〝出会いの場〟だとすれば、検索エンジンは、購入する商品を決めるうえで「足りない知識」を補完したり、複数社の商品を「比較検討」したりするために使うツールだと考えられます。

　SNS と検索エンジンには、提供できる情報の性質に違いがあるというわけです。従って、SNS 運用だけ行うといった対策は望ましくないのです。

**　SNS 全盛の時代と言えども「SEO 対策（検索エンジン最適化）」は、見込み顧客の意思決定をサポートする重要なマーケティング施策だといえます。**

　SEO 対策の重要性についてはご理解いただけたかと思います。ここで、興味深いデータをご覧に入れましょう。seoClarity 社の調査によると、1記事目のクリック率（CTR）は「13.94％」ですが、2記事目は「7.52％」に半減してしまうことがわかっています（日本の検索ユーザーの場合）。5記事目に至っては「2.98％」までクリック率（CTR）が低下してしまいます。ここから言えることは、一つです。SEO 対策では「1位表示」を目指すことが何よりも重要だということです。

| 検索順位別のクリック率（Google） | | | |
|:---:|:---:|:---:|:---:|
| 1位 | 13.94% | 6位 | 2.42% |
| 2位 | 7.52% | 7位 | 2.06% |
| 3位 | 4.68% | 8位 | 1.78% |
| 4位 | 3.91% | 9位 | 1.46% |
| 5位 | 2.98% | 10位 | 1.32% |

出典：seoClarity「2021 CTR Research Study」

　さて、検索エンジン上で、自社のコンテンツ記事を上位表示させるには、何に取り組むべきなのでしょうか。SEO対策は「内部対策」と「外部対策」があり、星の数ほど実施すべき施策があります。

---

**【代表的な「検索エンジン最適化（SEO）」対策】**

**■内部対策**

**➡ Webサイト内のコンテンツや構造を、検索エンジンやユーザーにとって「わかりやすい」「見やすい」状態に整える**

- ユーザーの疑問や悩みを解決する「有益な記事」を作成する
- パソコンでもスマホでも閲覧しやすい「レスポンシブ対応」を行う
- タイトルや見出しに上位表示を目指す「キーワード」を挿入する
- ページの説明を120文字程度でまとめる「メタディスクリプション」に「キーワード」を盛り込む
- タイトルは32文字以内、メタディスクリプションは120文字程度で記載する

- スマホからも見やすい文字サイズにするなど「アクセシビリティ」を高める

- 正しい見出し構造を維持する（大きな見出しから順にコンテンツを並べる：ｈ１（タイトル）→ｈ２（大見出し）→ｈ３（中見出し）→ｈ４（小見出し））

- ページの表示スピードを上げる

- Webサイト全体を検索エンジンのクローラーにくまなく読み込ませるために（＝Webサイト内のページがより多く、検索結果に表示されるように）「XMLサイトマップ」を設置する（XMLマップ：Webサイトのページ内容をまとめたXML形式のファイルのこと）

**■外部対策**

**➡ 他社サイトから、おすすめのWebサイトとして「被リンクされる（＝自社サイトのリンクが貼られる）」ことを目指す**

- **被リンクの「品質」に関する評価基準**
  ―「検索上位記事を多数かかえる優良サイト」に被リンクされる
  ―リンク元と似たテーマのコンテンツである

- **被リンクの「数」に関する評価基準**
  複数のWebサイトから被リンクされる

　本項では、初心者の方が「SEO対策記事を作成する際に、最低限押さえておきたい基本中の基本」に的を絞って、詳しく解説したいと思います。ポイントは４つあります。

> ## 【「検索エンジン最適化（SEO）」対策で押さえたい】
> ## "基本中の基本" ４点
>
> ①情報は "鮮度" が命！今がわかる「最新の記事」を制作する
> ②「PREP構造文」で「わかりやすさ」は３倍になる！
> ③ユーザーの問題解決に徹する。「商品の押し売り」をしない
> ④念には念を！丁寧な「コピーチェック」が信頼性の基盤になる

## ①情報は "鮮度" が命！ 今がわかる「最新の記事」を制作する

　私のクライアントさんにもよくお伝えする基本中の基本なのですが、制作したSEO記事は、**最新の情報を盛り込んだ記事にすることが大切**です。例えば、過去に制作して、上位表示された記事でも、新しい情報を付け加えたり、情報を更新するなどして「最新の記事」として掲載しましょう。なぜならば、古い更新日付が、見込み顧客を冷めさせるからです。

　例えば、ある女性が髪の毛をまっすぐにする「ヘアアイロン」を探しているとしましょう。その場合、検索結果には「202X年最新版！ヘアアイロンのおすすめランキング」といった記事が、上位記事を占めています。なぜかといえば「ヘアアイロン」というキーワードを検索するユーザーには「最新式のヘアアイロンの方が髪の毛を傷めないだろう」「今、みんなから支持されているヘアアイロンの方が満足度が高いだろう」という深層心理があるからです。

私たち人間の社会は日進月歩です。日々、めまぐるしい勢いで、よりよい商品やサービスが開発され続けています。**よっぽどのことがない限り、新しい商品や新しい情報が、古い商品や古い情報よりも劣っていることはありません。そのため、私たちは「最新情報」に絶大なる価値を見いだします。**

　だからこそ、SEO記事においても、なるべく最新情報を盛り込んだ記事を作ったり、古い記事をリライトして、鮮度を保つ必要があるのです。更新日付が古い記事は、検索エンジンのアルゴリズムによって、上位表示されにくいともいわれています。更新から3年以上経過している記事は、最新情報を盛り込むなどして、新しい記事として蘇らせましょう。

## ②「PREP構造文」で「わかりやすさ」は3倍になる！

　SEO記事の大前提は、見込み顧客の疑問や悩みを解決する「有益な記事」の作成です。例えば、経営者向けに英語を教えるスクールが「英語を学ぶメリット」を解説するSEO記事を制作するとしましょう。その場合、英語を学ぶメリットや成功事例だけでなく「注意点（＝リスク）」もしっかり伝えることが大切です。多くの人は、メリットと注意点を天びんにかけて、商品やサービスを購入すべきか、冷静に判断したいと願うものだからです。

【SEO 記事「経営者が英語を学ぶメリット」に盛り込みたいコンテンツ】

- 経営者が英語を学ぶメリット
- **経営者が英語を学ぶ際に押さえたい注意点**
- 英語を学んだ経営者の「成功事例」
- 経営者におすすめの英語スクールの特徴
- 経営者向けの英語スクール５選
- **経営者向けの英語スクールを選ぶ際の注意点**
- 会員数が前年比３倍！注目されている「○○（自社のスクール名）」

それとともに、押さえてほしいのが**「記事のわかりやすさ」**です。どんなに良質な記事でも「何をいっているのかわかりづらい」「読みにくい」となると、それだけで離脱につながりますし、ブランドや商品の信頼性が失われてしまうからです。

さて、わかりやすい文章を書くには、どうしたらよいでしょうか。実は、とてもシンプルな法則があります。それは「PREP 法で書く」ということ。既にご存知の方も多いかもしれませんね。

**PREP 法とは「主張 → 理由 → 事例 → 主張」の順序で物事を伝えることです。**最初は「話し方」のノウハウとして生まれたものですが、ライティングにも応用できるということで、多くのライターが取り入れているテクニックです。

次の文章を読んでみてください。どうでしょうか。とても説得力があり、わかりやすいはずです。SEO 記事を書く際にも、PREP 法を取

り入れて書いてみましょう。離脱率の改善につながるはずですよ。

| 「経営者はグローバル展開すべき」という主張を<br>PREP構造で書いた場合 | |
|---|---|
| P = Point<br>（主張） | 経営者は、今こそ、グローバル展開を行うべきです。 |
| R = Reason<br>（理由） | なぜならば、海外向けにも商品やサービスを開発すれば、将来にわたって、売上を拡大し続けられる可能性があるからです。 |
| E = Example<br>（事例） | 日本の人口は「1億2400万人」ですが、世界の人口は2022年11月に「80億人」に達しました。<br>マーケット規模において約80倍もの差があるのです。<br>日本が「少子高齢化」の一途をたどっているなかで、日本人相手だけに商売をしても、儲からなくなるのは火をみるよりも明らかです。 |
| P = Point<br>（主張） | だからこそ、経営者は、グローバル展開をすべきなのです。 |

## ③ユーザーの問題解決に徹する。「商品の押し売り」をしない

　SEO記事の制作で、意識している人が少ないと感じるのが「ユーザーの問題解決に徹する。決して商品の押し売りをしない」ということです。「SEO記事＝売上につなげてなんぼ」と考えたくなる気持ちもわかりますが、あまりにも、押しが強すぎると、お客さんは離れてしまいます。

文末に商品やサービスの宣伝を入れるSEO記事もありますが、ほどほどにした方がいいと、クライアントさんにはお伝えしています。例えば、SEO記事が4つあったら、そのうち、自社商品の紹介や宣伝は「1記事のみにする」のがおすすめです。

## ④念には念を！　丁寧な「コピーチェック」が信頼性の基盤になる

　これは基本中の基本ですので「もう知っているよ」という人が多いでしょう。しかし、意外とコピーチェックをしていない会社さんもあるため、あえて挙げさせていただきました。コピーチェックとは、ライターさんが、他社の記事をコピー＆ペーストしていないかをチェックすることです。

　**コピー＆ペーストが見つかると、会社やブランドが信頼されなくなるということもありますが、それと同じくらい深刻なのが、上位表示されていたとしても「圏外」に飛ばされてしまう場合があることです。**素晴らしい記事だったとしても、コピーが見つかれば、それだけで無価値だと見なされてしまうのです。ライターさんには、コピー＆ペーストの禁止を伝えるとともに、社内でのコピーチェックもしっかりと行いましょう。
　以上4点が、SEO記事を作成する際に押さえたいポイントです。ぜひ、覚えておいてくださいね。

# 【TIPS】やってはいけない デジタルマーケティング「6個の罠」

　4章では「SNS」「デジタル広告」「ランディングページ（LP）」「SEO対策」と盛りだくさんの内容で、デジタルマーケティングを成功に導くポイントを解説してきました。しかし、まだまだ伝え切れていないポイントがたくさんあります。そこで、本項では、TIPS形式でサクサクと「デジタルマーケティングの注意点」をお伝えしていければと思います。ポイントは全部で6つあります。

---

### 【TIPS】やってはいけないデジタルマーケティング「6個の罠」

- 【デジマの基本編】
  「100（問い合わせ）：30（対話）：10（成約）の法則」を頭に入れていますか？

- 【Webサイト編①】
  あなたのやりたいこと「言語化」できていますか？

- 【Webサイト編②】
  離脱には「4フェーズ」あること、知っていますか？

- 【SNS編①】
  X（旧Twitter）は「1日1回の更新」で満足していませんか？

- 【SNS編②】
  Instagramの「タグ付け」、なんとなくやっていませんか？

- 【SNS編③】
  商用NGだからといって「TikTok活用」を断念していませんか？

---

## 【デジマの基本編】
## 「100（問い合わせ）：30（対話）：10（成約）の法則」を頭に入れていますか？

デジタルマーケティングでは「100（問い合わせ）：30（対話）：10（成約）の法則」があります。100人の問い合わせがあったら、そのうち30人が具体的な検討に入り、最終的な成約は10人程度に絞り込まれるというものです。

「成約率＝10％程度」になる計算ですから、飛び込み営業などと比べると、格段に成約率が高いですが、かなり絞り込まれることには違いありません（高額商品やサブスク型商品の場合には、1〜3％程度の成約率になることもあります。さらに厳しい割合ですね…）。

そのため「"見込み顧客の母数"をどれだけ集めるか」が、最終的な売上を大きく左右するといえます。ターゲットにマッチしたSNSに投稿したり、見込み顧客に合った広告運用で「見込み顧客の母数確保」に努めていきましょう。

## 【Webサイト編①】
## あなたのやりたいこと「言語化」できていますか？

ランディングページ（LP）やサービスサイト、企業ホームページ（コーポレートサイト）などの「Webサイト制作」を外部に委託する場合、気

をつけてほしいことがあります。**それは「Webサイトを作り終わったら、あとは知らない」といった態度の事業者は選ばないということです。**

「Webサイトを制作したあとのアフターフォローがあるか（＝SEO記事の制作に関するアドバイスがもらえるか、疑問点があった際に質問できるかなど）」をたずねるようにしてください。Webサイトを「集客装置」にするためには、継続的な分析・改善が必須だからです。デジタルマーケティングでは、分析・改善・実行のPDCAサイクルを回し続けてこそ、成果が得られます。

また、Webサイト制作会社には「SEO対策に強い」「ブランディングにつながるデザインに定評がある」など、得意不得意があることも知っておきましょう。制作料金の安さだけで、事業者を選定すると、思ったような結果が得られないことがありますから、注意してください。

費用も大事ですが「SEO対策できるホームページを作りたいからSEO対策に強い会社を選ぶ」といった具合に選定すると、失敗が減りますよ。

---

**【Webサイト制作会社を選定する際のポイント】**

• Webサイト制作後のアフターフォローが手厚い制作会社を選ぶ

• 自社の叶えたい目的（SEO、ブランディング、採用など）に合った制作会社を選ぶ

---

**以上の2点が、Webサイト制作会社を選定する際のポイントですが、失敗を減らすためには、それだけでは足りません。発注者である "あなた自身" も、相応の準備をしておくことが大切です。**「事業者に任せ

ればうまくいくだろう」「うまく説明できないが、私のやりたいことを
理解してくれるだろう」といった態度だと、成果が得られない可能性
が高いです。発注者は、以下3点をしっかりと言語化しておくことが
大切です。

---

**【Webサイト制作の「発注前」に準備しておくこと】**

- **なんのために作るのか？**
  Webサイトの制作目的（集客・採用・ブランディングなど）を決
  める

- **誰がターゲットなのか？**
  ペルソナの特徴（性別・年齢・家族構成・趣味趣向）を決める

- **どんな成果を得たいのか？**
  コンバージョン（問い合わせ・購入・ファンの増加などの「得た
  い成果」）を決める

---

　また、「ベンチマークサイトの事例」を取り上げながら、上記の3点
について「具体的に言語化」できるようになることも大切です。想像
どおりのWebサイトに仕上がる確率がアップします。「こんなつもり
はなかった」から発生する「追加の修正費用」も避けられます。発注
者である自分と、制作を請け負うWebサイト制作会社の双方にとって、
気持ちよい関係を築きたいですね。

| Web サイト制作における「要望」の伝え方<br>（化粧品メーカーがサービスサイトを作る場合） | |
|---|---|
| Bad 例 | Good 例 |
| 「おしゃれなサイトにしてください」 | 「流行に敏感な 30 代の女性をターゲットにしたサイトなので、A社のサイトが参考になりそうです。このサイトのようなテイストにできますか?」 |
| 「派手な演出をして、<br>　　インパクトを出したいです」 | 「B社のサイトでは、最初の画面で流れる動画がかっこよくてインパクトがあると思いました。動画ではなくてもよいですが、派手な演出をして興味を引くために、いいアイデアを知りませんか?」 |

---

## 【Web サイト編②】
## 離脱には「4フェーズ」あること、知っていますか？

---

　企業が保有する Web サイトは、大きく分けて７つに分類できます。それぞれ異なった違った役割がありますが、「何らかの成果（コンバージョン）を得る」ために制作されているという点は、共通しています。

## 【一般企業が保有する Web サイト】

### ①企業ホームページ（＝コーポレートサイト）
会社の「基本情報」を紹介する Web サイト。会社概要、事業内容、アクセス、企業理念などを掲載する。取引先や見込み顧客に信頼してもらうのが目的

**目指す成果**：企業ブランディング、新規取引

### ②サービスサイト
自社が取り扱う商品やサービスを紹介する Web サイト。商品・サービスの特徴、メリット、活用方法、導入 STEP、お客様から寄せられた声、Q&A コーナー、レビューなどを掲載することで「問い合わせ」や「購入」につなげる

**目指す成果**：商品・サービスの購入／問い合わせ

### ③お役立ち情報サイト（＝オウンドメディア）
見込み顧客にとって役立つ情報を発信することで、信頼感を醸成する Web サイト。最終的には、問い合わせや商品購入につなげるのが目的

**目指す成果**：商品・サービスの購入／問い合わせ

### ④ランディングページ（LP）（＝プロモーションサイト）
商品やサービスの魅力を訴求することで、購入／問い合わせにつなげる Web サイト。「こんなお悩み、ありませんか？」「商品の特徴」「導入実績」「Q&A」「今だけの特別キャンペーン」などのコンテンツを掲載する

**目指す成果**：商品・サービスの購入／問い合わせ

### ⑤ EC サイト
商品の販売・決済を行う Web サイト。商品ページ、購入者によるレビュー、決済方法、配送方法などのコンテンツで構成されている

目指す成果：商品・サービスの購入

**⑥採用サイト（＝リクルートサイト）**
　欲しい人材を採用するための Web サイト。求職者に向けて「仕事内容」「会社の魅力」「働く社員の声」などを用意する
**目指す成果：人材採用**

**⑦ブランドサイト**
　商品やサービスなどのブランディングを目的とした Web サイト。LTV（顧客生涯価値）を上げたいときや、ファンを増やすために用意する
**目指す成果：商品・サービスのブランディング／問い合わせ**

　また「問い合わせ」や「商品購入」などの成果を得るために「離脱要因」を把握・分析・改善することで「コンバージョン率（CVR）※」の向上を目指す点でも共通しています。

---

**【コンバージョン率（CVR）を求める計算式】**
コンバージョン率（CVR）とは、サイトにアクセスしてきたユーザーがコンバージョンボタン（「問い合わせボタン」や「購入ボタン」）をクリックした割合のことです。

コンバージョン数÷セッション数＝コンバージョン率（CVR）

**例：サービスサイトに 100 人訪れ、そのうち3人が商品を購入した場合**

3÷100 ＝ 0.03 →「**3%（コンバージョン率)**」

---

　ユーザーが Web サイトに訪れてからコンバージョンに至るまでには、大きく分けて「3つの離脱ポイント」があります。3つのポイントでの「離脱率」を下げることが、成果を大きく左右します。

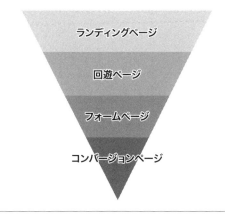

【Web サイトで改善すべき「3 つの離脱ポイント」】

①ランディングページ（ユーザーが最初に着地したページ）
②回遊ページ
③フォームページ

ランディングページ
回遊ページ
フォームページ
コンバージョンページ

## ①ランディングページ（ユーザーが最初に着地したページ）

　ユーザーが最初に着地するページ（＝ランディングページ）が 1 つ目の「離脱ポイント」です。ここを改善することが非常に重要です。なぜならば、ランディングページでの離脱を減らせば、そのあとに続く回遊ページやフォームページ、コンバージョンページに進むユーザーの母数を維持できるからです（「ランディングページ」という言葉には 2 つの意味があります。一般的には商品購入や問い合わせを目的とした 1 ページ仕様の Web サイトを指します。しかし広義には「最初に閲覧したページ」を「ランディングページ（＝最初に着地したページと

いう意味)」と呼びます。今回は、この広義のランディングページを指しています)。

Googleアナリティクスなどのweb解析ツールでは、各ページの「離脱率」を知ることができます。例えば、ランディングページを分析して、以下のような結果が得られた場合。「トップページ」と「SEO記事①」は、離脱率が90％以であるため、離脱の原因を特定して改善する必要があると考えられます。

---

**【ランディングページの「離脱率」比較】**

- トップページ：90%　➡　要改善
- 料金表：60%
- 商品概要：60%
- お客さまから寄せられた声：30%
- SEO記事①：90%　➡　要改善
- SEO記事②：70%
- SEO記事③：75%

---

離脱率に加えて**「滞在時間」**もチェックしましょう。例えば、滞在時間が「20秒のSEO記事」と「2分のSEO記事」では、2分の記事の方が「読む価値がある記事だ」と判断されていることがわかります。滞在時間が20秒しかないSEO記事のボトルネックを探しましょう。

「高い離脱率」や「短い滞在時間」につながっている理由は、さまざまありますが、基本的には「自分の知りたいことが解決できるページではなかった」「期待外れだった」のが原因です。

【「高い離脱率」や「短い滞在時間」につながっている理由】

- 「タイトル」と「コンテンツ」の内容がかみ合っていない
- 外部リンクが多すぎる
- 読み込みスピードが遅い
- レスポンシブ対応（スマホ対応）されておらず、文字が見にくい／小さい
- 文章がわかりづらい
- 関連性のある内部リンクが貼られていない

## ②回遊ページ

回遊ページとは、ランディングページのあとに、ユーザーがアクセスする Web ページのことです。回遊ページも、離脱率や滞在時間をチェックして、ボトルネックになっている原因を探り「回遊率（ほかのページへの遷移率）」を高めることが大切です。

また「問い合わせフォーム」への遷移率が低いページの改善を行うのも、重要な施策です。一つのやり方としては「問い合わせフォーム」への遷移率が高い優良ページとの違いを分析してみるといったことが考えられます。「問い合わせボタン」の色を変えてみたり、よく読まれている記事を紹介するのが、一つの手です。

## ③フォームページ

　問い合わせフォームの離脱率が高い場合には、問い合わせフォーム最適化（EFO）対策を行い「入力完了率」を高めることが大切です。具体的には、以下のような対策が考えられます。

---

【「問い合わせフォームフォーム最適化（EFO）」の例】

- リンクやバナーをなくす
- レスポンシブ対応を行う
- 入力補助を行う
- 即時「エラー箇所」をアナウンスする
- 全角・半角の自動切換え

---

## 【SNS編①】X ( 旧 Twitter) は「1日1回の更新」で満足していませんか？

　SNS を運用するうえで、議論の的になるのが「投稿頻度」です。私がコンサルティングしている会社さんからも「1日に何本くらい投稿したらよいですか？」といった質問をよく受けます。

　その点については「SNS によって適切な投稿頻度は異なる」というのが私の考えです。**例えば、Instagram や Facebook、会社のスタッフブログであれば「週に3本」くらいが目安になります。**

YouTubeやTikTokは「1日1本」が目安になります。一方、X (旧Twitter)は「1日5本」が目安になります。

---

【各SNSにおける「推奨投稿頻度」】

■1週間で3本程度
  ・Facebook　・Instagram　・会社のスタッフブログ

■1日1本程度
  ・YouTube　・TikTok

■1日5本程度
  ・X

---

　どうして、SNSによってこのような違いが出るのでしょうか？　それはひとえに「SNSユーザーの投稿頻度」が密接にかかわってきます。Xの場合、1投稿140文字以内のテキストによる投稿であるため、誰もが気軽に投稿できる媒体です。そのため、自分が投稿しても、タイムライン上で見込み顧客にみてもらえずに流れてしまうリスクが高いです。せっかく投稿しても、みられずに終わってしまったら、もったいないですよね。だからこそ、Xは1日5回は投稿するのが目安になるのです。

　Xにおいては「おはよう」や「おやすみなさい」といった気軽なあいさつでもいいですし「今日のお昼ごはん」なんかもいいと思います。「今日も1日お疲れ様でした」といったねぎらいもよいでしょう。とにかく1日のなかで最低5回は"打席に立つ"ことを心がけてください。

なお、「商品のPR」や「会社のお知らせ」は、投稿数が多すぎると離脱につながりやすいため、ほどほどにしましょう。

　SNS投稿に関しては「投稿し続けるのがつらい」と感じている方が非常に多いです。しかし、もしもあなたが、1年以上、ほぼ毎日「SNS投稿」を続けられたら、それだけで、競合に対して圧倒的な差をつけることができます。SNS運用は"継続すること"が、最大の難関だからです。続けていれば、貴社の商品を買ってくれるファンが増えます。そして売上もグングン上がっていきます。途中で心が折れそうになることもあるかと思いますが、コツコツと頑張っていきましょう。

---

## 【SNS編②】Instagramの「タグ付け」、
## なんとなくやっていませんか？

---

　Instagramでは、投稿内容を説明するために「ハッシュタグ（＃）」をつける文化（＝タグ付け）があります。例えば、スイーツの会社が、Instagramで商品を紹介する場合「＃スイーツ」や「＃おやつ」といったタグをつけることで、検索結果にヒットさせます。

　タグ付けは、ユーザーに自社商品を認知させるうえで欠かせないマーケティング対策ですが、なんとなくの感覚でつけてしまっている企業さんが少なくありません。しかし、タグ付けにおいては15個くらいを目安に「タグの検索ボリューム」の多いものを戦略的に入れることが大切です。ハッシュタグ経由での流入を増やすことができるからです。

タグの検索ボリュームを調べるツールとしておすすめなのが「ハシュレコ」です。このツールでは、入れたいハッシュタグと親和性の高いハッシュタグを 30 個ピックアップしてくれます。

例えば「＃スイーツ」がメインのハッシュタグの場合、親和性のあるハッシュタグとして「＃ダイエット」が出てきたりします。ちょっと意外なハッシュタグですが、ダイエットを頑張っている自分への「ご褒美スイーツ」を投稿する人が多いのかもしれませんね。

ハシュレコでは、親和性が低そうなハッシュタグも出てくる場合があるため、ご自身で精査する必要があります。「これは関連性がありそうだな」と思えるハッシュタグを任意で選んで、投稿しましょう。

なお、アカウントの開設したばかりのフェーズでは、検索ボリュームがさほど多くないハッシュタグを挿入するのがポイントです。3〜5万件程度の検索ボリュームがあるハッシュタグがベストです。なぜならば、これくらいの検索ボリュームのハッシュタグは、競合性が低いため、上位表示が狙えるからです。「検索ボリュームが少ないが、顧客が検索する可能性のあるハッシュタグ」に狙いを定めて盛り込むようにしましょう。

## 【SNS 編③】商用 NG だからといって 「TikTok 活用」をあきらめていませんか？

昨今、10 〜 20 代の若者たちを中心に人気を博しているのが、1

度のショート動画をアップする「TikTok」です。Instagram や X (旧Twitter) などと異なり、TikTok はアカウント登録をしていない人でも、動画を閲覧できるのが大きな特徴です。極端ではありますが、自分のTikTok アカウントのフォロワー数が「1」だったとしても、魅力的なコンテンツとして広がれば、数十万人にみてもらえる可能性があるということです。そういった意味でも、非常に可能性に満ちた SNS なのです。

　そんな TikTok ですが、残念なことに「商用 NG」となっています (TikTok 広告は除きます)。例えば商品の PR のために商品を紹介したり、魅力を宣伝したりする投稿は行えないということです。**しかし、TikTok は若者への影響力がとても大きい SNS なので、TikTok を上手に活用しながら、集客に役立てている会社もあります。**

　例えば、あるタクシー会社は、タクシーの運転手さんが踊っている動画をアップすることで、会社の知名度アップに役立てています。一方、チュロス屋さんは、チュロスを作る動画がバズったことがきっかけで注目が集まり、ショッピングモールへの出店を果たしたそうです。フルーツ大福のお店は、フルーツ大福の断面をカットした"断面萌え"動画で話題になり、知名度アップにつながったようです。**このように、TikTok は 1 本 60 秒程度の短い動画ですが、上手に活用することで、集客や販促に役立ちます。**

　補足ですが、SNS 全体としては「ショート動画」を推していく潮流があります。Instagram は最大 30 秒程度の「リール動画」を 2020 年

にリリースしていますし、YouTube も 2021 年に 60 秒程度の動画である「YouTube ショート」をリリースしました。

　そのため、もしも SNS 運用として「動画コンテンツ」に注力していくことを考えているならば、60 秒以内のショート動画を 1 本作って、各 SNS に横展開することをおすすめします。効率よく各 SNS で、見込み顧客にアプローチできます。ぜひ、試してみてくださいね。

## 新しい SNS が話題になったら、まずは使ってみよう

SNS では新しいサービスがどんどんと立ち上がっています。Threads、YouTube ショートなど、そうですよね。

いつから取り組めばという質問を受けることがあります。新しい段階では、まだ見送ってもいいのではと伝えております。後出しでやり始めても、ファンはつきます。SNS の運用も片手間にできるものではありませんので、はじめのうちは無理してやらなくてもいいのではと考えております。最初からやることのメリットは、早めにファン作りができる可能性がありますが、中途半端になるのならば、やらない方がいいです。まずは、触れてみることをおすすめします。自分が新しい SNS をやることで、「こんな機能も使える！」「こういうことができる！」ということが分かります。その気付きを、実際にやり始めた時に、反映させればいいのです。

ここ最近の流れを見ますと、YouTube ショートは継続的に利用している人も多いので、取り組んでみても面白いと考えます。商品・サービスの認知の向上、YouTube チャンネルの登録者が増える効果もあります。TikTok の動画をうまく流用することで、工夫をして運用をしている人もいます。

# まくら言葉ネタになっているデジマで成功した日本企業

## ライオン株式会社

「Lidea」オウンドメディアを運営

## 株式会社デンソー

海外にも SNS(Instagram) の発信

## パナソニック株式会社

Instagram でターゲット層にリーチ

## 株式会社 USEN

Web 広告でコンバージョンの増加

## 株式会社村田製作所

MA によるナーチャリングを実施

もっと質問、検索していくと、さらにすごいことなってるのわかるで

第5章

# デジタルマーケティングは
# 誰でもできる！
# 成果も出る！

## 炎上は怖くない！ 荒らし投稿者の割合は「1.1%」の事実

「X (旧 Twitter) で集客したいけれど、炎上騒ぎにならないか心配…」

　X運用を始めるクライアント様のなかには、このような不安を吐露される方もいらっしゃいます。たしかに、ほかのSNSと比べるとXは炎上が起こりやすいSNSです。**ポストをシェアできる「リポスト」機能があるため、人々の興味関心を刺激するポストは、爆発的に拡散するからです。**

　さて、炎上リスクを避けたい企業は、X運用をあきらめた方がよいのでしょうか。**その質問に対する私の答えは「ノー」です。炎上リスクを恐れて、Xをあきらめてしまうのは、大きな機会損失です。**炎上を恐れずに、見込み顧客と楽しくコミュニケーションしていただけたらと思います。炎上を過度に恐れる必要はないのです。

　**その最大の理由は、"炎上"や"荒らし"を企てる人は、実はそれほど多くないからです。**国際大学グローバル・コミュニケーション・センターの講師である山口真一氏による「統計分析が明らかにする炎上の実態／対策とネットメディア活用方法」（農林水産省）によると、以下のような事実が判明しています。そもそも炎上が起こる確率は非常に少ないので、それほど恐れる必要はないということです。

【炎上や荒らしについてわかっていること】

・炎上に関する投稿を行ったことがある人の割合は「1.1%」

・かつての「2ちゃんねる」で炎上が発生した際、主犯格は「5人以下」だった（元「2ちゃんねる」の管理人・ひろゆき氏のコメント）

・靖国問題に関するブログが炎上したとき、700以上のコメントが寄せられたが、コメントのIPをみたら投稿者は「4人」だった（上杉隆氏のコメント）

・ニコニコ動画で罵詈雑言のコメントが飛び交っているときは、数人のコメントを削除するだけで平和になる（遠坂夏樹氏のコメント）

参考：農林水産省「統計分析が明らかにする炎上の実態／対策とネットメディア活用方法」

Xでの炎上が怖かったとしても、アカウントは持っておくべきです。なぜならば、万が一、炎上騒ぎが生じた場合、アカウントがないと「弁明の機会」すら与えられないからです。要は、悪意ある人間に、言われっぱなしになってしまうということです。

炎上が発生した場合、まずは、当事者による情報発信が求められます。混乱が生じていることに対するお詫びや、不祥事に対する対応、会社の方針、調査結果などを、関係者が納得するようにしっかりと説明することが大切です。その結果、かえって好印象を抱かれたり、応援者が増えたりすることがあります。企業の対応一つで、ファンになる人もいるくらいです。応援されるか否かは、初動にかかってます。会社としての姿勢を示すうえでも、最低限、アカウントは持っておくようにしましょう。

とはいえ、炎上が怖いという気持ちは、痛いほどわかります。不安ですよね。炎上を防ぐために、私たちが取り組める "炎上防衛策" は全部で4つあります。一つずつ、みていきましょう。

---

**【「炎上」や「荒らし」を防ぐためにできること】**

① 「センシティブな話題」には触れない
② 炎上が起きても「消さない」
③ 「アクティブサポート」を行う
④ 「コンテンツモデレーション」を実施する

---

## ① 「センシティブな話題」には触れない

炎上の火種は「自社発信」と「ユーザー発信」の2つがあります。ユーザー発信による炎上は、避けようと思っても避けられないものが多いですが「自社発信による炎上」は、発言に気をつけさえすれば防げるものです。以下のようなトピックは、炎上につながりやすいため、触れないようにしましょう。

---

**【避けるべきセンシティブなトピック】**

政治／時事問題／国際問題／宗教／セクシュアリティ／スポーツ／ニュース／個人的な思想／プライバシーにかかわること／不謹慎な話題

---

## ②炎上が起きても「消さない」

　自社発信のポストで炎上が起こってしまった場合、焦ってポストを削除するのは NG です。SNS 界隈では**「消せば燃える」**という言葉があります。炎上ポストを消すのは「後ろめたさがあるからだ」と解釈されてしまい、より炎上を大きくしてしまう可能性があるということです。

　炎上が起きたら、まずは混乱を招いている現状について謝罪し、今後の対応について、丁寧に説明しましょう。一つひとつ、冷静に対処すれば、大きな問題には発展しないはずですよ。

## ③「アクティブサポート」を行う

　一方、ユーザー発信による炎上を避けるため対策としては**「アクティブサポート」**が挙げられます。本書でも既に説明している通り、顧客からの問い合わせを待つのではなく、先手を打って、不満やクレームを解消するのです。

　例えば、化粧品メーカーの場合。X (旧 Twitter) 上で「○○化粧品を利用するようになってから、肌荒れがひどくなった」といったポストを発見したら「ご迷惑をおかけしてしまい、申し訳ございません。お肌に合わない場合には、返品対応可能ですので、カスタマーサポートまでお気軽にご連絡ください」といったリプライをするのがおすすめです。

ちょっとしたリプライだったとしても「気遣ってくれているんだ」と気づけば、悪口を広めてやろうとは思わなくなるものだからです。初動が早ければ、燃え広がりを防げる可能性も高まります。

　**アクティブサポートは、"これからの時代のカスタマーサポート"として、益々注目されていくことと思います。**「ブランドイメージを維持・向上させたい」「炎上によるファン離れを防ぎたい」といった思いがある方は、アクティブサポートを取り入れてみましょう。


## ④「コンテンツモデレーション」を実施する

　コンテンツモデレーションとは、不特定のユーザーによって投稿されたコンテンツ（書き込み・画像・動画）をモニタリング（監視）し、Web サイトや SNS を健全な状態に保つことです。大きな炎上騒ぎになっているのに、当事者である企業がほったらかしにしていたら、みるみる炎上が広がっていきます。そうした事態を防ぐために、**コンテンツモデレーションで書き込みをパトロールし、騒ぎを収束させることが大切**です。

　とりわけ大企業などは、炎上によるブランドイメージの毀損を恐れています。そのため、火種となりそうなクレームやネガティブな投稿をいち早くみつけ、適切に対処すべく、コンテンツモデレーションサービスを導入しています。「炎上対策には念には念を入れたい」といった思いがある方は、コンテンツモデレーションの導入を検討してみては

いかがでしょうか。

　以上４つが、炎上対策です。X (旧 Twitter) 運用の経験が少なく、炎上が怖いと感じる方は、ぜひ参考にしてみてください。

---

## 心がポキッと折れてしまう前に！　投稿を継続させる秘訣とは？

---

　４章「【SNS 編①】 X (旧 Twitter) は『１日１回の更新』で満足していませんか？」では、投稿を続けることの大切さをお伝えしました。しかし「投稿を続けること」こそが一番むずかしいと、私は思います。**私のクライアントさんや知り合いを見渡しても、60％以上の方が、途中で投げ出してしまっているのが現状です。どんなに意気込んでも、途中で心が折れてしまう人が大半なのです。**

　それは「なかなか成果が出ないから」といったこともありますが「SNS 投稿そのものが、周りの理解を得られにくい孤独な作業」だというのも大きいように思います。SNS 担当者の方々は、見込み顧客の心をつかむために、日夜努力をしていますが、はたからみると何をしているのか理解されづらいんですよね。しかも、一朝一夕には成果に結びつかない。いまひとつ何が正解なのかもわからず迷走してしまう。そうなると「もっとほかの仕事をしろ」といわれてしまうことがあるわけです。こうなれば、モチベーションが下がるのは、至極当然だといえるでしょう。

ですから、もしもあなたが、途中で心が折れてしまったとしても、なんら不思議ではありませんし、責められるようなことではありません。多くの人が、あなたと同じような悩みを抱えているのだということを、まずは知っていただきたいと思います。どうか安心してくださいね。

　とはいえ、商品やサービスの認知を拡大していくためには、投稿を続けるしかありません。ダイエットや受験勉強と一緒です。続けることがとにかく苦しいですが、ここをどうにかして乗り越えなければならないのです。

　私たちは、どうしたら、投稿を続けることができるのでしょうか。人によって、さまざまなテクニックがあると思いますが、私は以下の2つが有効な対策だと考えています。

---

【SNS 投稿を続ける工夫2つ】

①さまざまな SNS の投稿で「箸休め」をする
②“応援団”になってくれる専門家と一緒に取り組む

---

## ①さまざまな SNS の投稿で「箸休め」をする

　おすすめなのが「さまざまな SNS の投稿で『箸休め』をする」です。要は、投稿する SNS を1本に絞り込まないということです。

　例えば、メインで投稿する SNS が Instagram の場合。Instagram は

1日1本の投稿を継続しつつ、TikTokやX(旧Twitter)、ブログなどの媒体にも、リフレッシュがてら投稿するということです。

どんなにカツカレーが大好物だったとしても、カツカレーだけでは"胃もたれ"してしまいます。メインディッシュのほかに、サラダやお新香、スープなど「箸休め」になるような副菜を食べることで、最後まで飽きずにカツカレーを食べきることができます。

SNS運用も、それと同じようなことがいえます。ほかのSNSにも取り組んでみるのが気分転換になって、モチベーションが続くようになります。「今日は動画投稿」「明日はブログ」「明後日はLINE公式〜」といった具合に、その日の気分に合わせて、サブのSNSを楽しんでみてください。メインのSNSの投稿が、毎日続けられるようになるだけでなく、露出の総量が増えていくため、集客効果も高まります。ぜひ、試してみてください。


## ②"応援団"になってくれる専門家と一緒に取り組む

SNS投稿を継続するには「"応援団"になってくれる専門家と一緒に取り組む」のも一つの方法だと思います。

"応援団"になってくれる専門家でイメージしやすいのが、トレーニングジムのパーソナルトレーナーさんです。パーソナルトレーナーさんって、「頑張ってますね！前よりも腕が上がるようになりましたね」なんて鼓舞しながら、「もう限界！これ以上は無理だ」というところで、

もうひと踏ん張り頑張らせるのが、ものすごく上手ですよね。私たち人間って、自分の頑張りを評価してくれたり、そばで応援してくれる人がいるからこそ、頑張れることが多いんじゃないかと思うんです。だからこそ、応援団になってくれる専門家をパートナーにするのがおすすめです。投げ出したくなったり、心がくじけたときに、そばで自分を応援してくれる人がいると「明日も頑張ろう」と思えるはずですよ。

　「SNS投稿を続けているけれど、なかなか成果が出なくて、理解されない…」といった場合には、「SNS運用の必要性」や「SNS運用で取り組んでいること」などを、第三者の立場で、話してもらうのも手だと思います。自分から上席の方に「これだけ頑張っています！」などとアピールするのはむずかしいと思いますから、そんなときは専門家に頼ればいいのです。

　あなたが頑張って取り組んでいるSNS運用は、売上拡大につながる重要ミッションです。ぜひ、誇りと自信を持って、邁進し続けてくださいね。

## デジタルマーケティングの真実
## 「魔法の杖＝×」「魔法の薬＝◎」

　第5章のタイトルにある通り、デジタルマーケティングは誰にでもできるし、成果も出せます。小さな会社や個人事業主だったとしても、デジタルマーケティングを実施することで、売上が2倍、3倍、5倍、10倍になった話は、星の数ほどあります。デジタルマーケティング関連の書籍が継続的に売れているのも、アメリカンドリームのような輝かしさをまとっているからでしょう。

　**しかし、多くの方々が"重大な勘違い"をしています。それは、デジタルマーケティングのことを、あたかも「魔法の杖」であるかのように思うことです。**デジタルマーケティングに取り組んだら、すぐに会社の売上が上がる、集客に成功する、ブランディングに成功する、欲しい人材も手に入るようになる…。こんなふうに、考えている人が後を絶ちません。世の中、成功事例は耳に入ってきやすいですが、失敗事例を共有したがる人は少ないものです。だから「魔法の杖」だと勘違いしてしまう人が、多いのかもしれませんね。

　実情をいえば、デジタルマーケティングで成果を上げられている会社はありますが「そうでない会社も多い」というのが、本当のところです。

　では、成果が出ている会社と、そうでない会社には、どのような違いがあるのでしょうか。これについてはさまざまな考えがあると思い

ますが、一つには、デジタルマーケティングの全体像を正しく理解していなかったり、正しく実行していなかったりするのが原因だと、私は考えています。

**デジタルマーケティングは「魔法の杖」ではありません。どちらかといえば「魔法の薬」と表現するのが正しいかもしれません。用法・容量を守って正しく使えば、病気を寛解できる薬のように、手順、投稿頻度、押さえるべきポイントなどを守ってデジタルマーケティングに取り組めば、成果が得られるマーケティング手法、それがデジタルマーケティングなのです。**

とはいえ、押さえるべきポイントそのものは、それほど小難しいものではありません。最初は「デジタルマーケティングって、取っつきづらいな」と思っていたかもしれませんが、本書を読んでみて、ずいぶんと印象が変わったのではないでしょうか。

**そう、デジタルマーケティングは、あなたにだってできるものなのです。**少しでも「デジタルマーケティングは怖くなんかない。素晴らしい相棒なんだ」と思える人が増えたら、これ以上に嬉しいことはありません。

ひと昔前であれば、メディアといえばテレビ・新聞・雑誌・ラジオなどで、本当に儲けたいならばテレビ CM が、売上拡大を実現する一番の近道だといわれていました。とはいえ、大手広告代理店を通さないといけなかったりしますし、莫大な費用を投じても「当たるかどう

かは運次第」みたいなところがありました。

　今は、違います。押さえるべきポイントを押さえれば、それほどお金をかけずともチャンスをつかめる時代だからです。

　SNS運用についていえば、ユーザーが投稿しやすい環境が整っているのも、素晴らしいことです。最近のスマホは解像度が高いため、スマホで撮影した動画をちょっと加工すれば、集客動画に早変わりです。TikTokなどは、投稿するための編集機能が充実しているので、動画を撮影したら、すぐさま投稿できます。

　**誰にでもチャンスがある。もっと集客できるし、もっと売上を上げていける。そんな時代に生きているからこそ、あなたにも、無限のチャンスがあるんです。それは自信を持ってお伝えできる事実です。**

　だから、あなたも、第一歩を踏み出してみませんか？

## 最後に一言、ごあいさつ

　ここまで本書をお読みくださり、どうもありがとうございました。デジタルマーケティングの基本の「き」を、できるだけわかりやすく解説してみましたが、いかがでしたか。これから、デジタルマーケティングの世界に足を踏み入れようとしている皆さんの背中を押す一冊になりましたら嬉しいです。

　今でこそ、デジタルマーケティングの専門家として、企業向けのセミナーに登壇したり、コンサルティング支援をさせていただいたり、目まぐるしい日々を送っていますが、これまでの人生は、紆余曲折の連続でした。本当にいろんなことがあった人生だったなと、つくづく思います。

　人生で最初に味わった辛酸は、高校中退です。私が高校生の頃、父が肺結核を患って、1年ほど入院したのです。父は、マグロ漁（遠洋漁業）の漁師を行っていたのですが、復帰したタイミングと、日本に漁船が戻ってくるタイミングが合わず、1年半以上もの間、収入が途絶えてしまいました。

　そして、ものの数ヵ月で完全に生活費が底を尽きてしまい、私と母で家計を支えることになりました。母が縫製工場で洋服を作ったり、スーパーマーケットの清掃員として働く一方、私は鰻屋さんでアルバ

イトをして生活費の足しにしました。

　しかし、働いても働いても、一向に生活は楽になりません…。そんな生活に、私自身が耐えられなくなり、青森から東京に出ることを決意しました。

　東京で生活費を稼ぎながら、大検を取ろう。そして、大学に入学して、きちんと就職しよう。

　そんなふうに考えたのです。一念発起の末、なんとか、大学の夜間部に入学することができました。勉学に励むというよりも、バイトをして授業料を稼ぐ日々といった表現の方が正しい大学時代だったかもしれませんね。風呂無し4畳半の木造アパートで過ごした日々は、今でも忘れられません。

　大学卒業後は、郵便局員になった後、大手ベンチャー企業に転職しましたが、中学時代から続く引っ込み思案な性格が災いして、会社にまったくなじめず、つらい日々を過ごしたこともありました。半年以上、誰とも話さなかったんです。

　自分より年下の子ばかりでしたが、自尊心が低かったため、敬語で話しかけるのがやっとでした。昼休みも1人でごはんを食べていたので、喫茶店でネットサーフィンをするのが日課でした。気づいたら通信費が30万円以上になっていて、青ざめたことを今でも覚えています。
　そんな私が、ほんの少しだけ前向きな人間になれたのは、知り合い

を通じて、インターネット事業を手掛ける会社の社長と出会えたことがきっかけかもしれません。

　インターネット関連会社の社長というと、イケイケなイメージがあるかもしれませんが、彼は全く違いました。私よりもずっと年上なのに、ひたすら私の話をニコニコと楽しそうに聞いてくださったのです。

　途中で社長さんが15分くらい席を外されたので「調子よく話し過ぎて、気を悪くしたのかもしれない」と思ったのですが、それは杞憂でした。社長さんは、食べきれなかったすきやきを、私にお土産として渡したいと思い、タッパーを買いにコンビニまで走ってくださったのです。このことは、私にとって言葉では言い表せないほどの驚きをともなう出来事でした。

　今のままの自分でいいんだ。誰に対しても親切な人であろう。そう思えるようになりました。この社長さんとの出会いで、謙虚すぎる自分のことを認められるようになった気がします。

　その後、通信キャリアの月額公式サイトの立ち上げや、新商品のPR戦略、デジタルマーケティング部門の立ち上げにかかわったりと、さまざまな経験を積んできました。不動産会社では、1年間で業界最大の8万人の会員を集客し、通算で50億円もの出資を集めることに成功するなど、成果を挙げるなかで、デジタルマーケティングの専門家として独立する道を選びました。2019年の冬のことです。

　しかし、新型コロナウイルスの感染拡大のあおりを受け、予定して

いた仕事が吹き飛ぶような事態に見舞われました。このとき、自分の知識・経験を棚卸しするために、Web関連の資格を取得し、再スタートすることを決意します。普通の人であれば、120時間程度の勉強時間の資格も、私は200時間以上もの時間がかかりました。講師からの忌憚のないフィードバックに心が折れそうになることもありましたが、どうにか、難関資格を突破することができました。

今までの人生を改めて振り返ってみると、自分って器用な人間じゃないなとつくづく思うんです。集客・売上をサポートするデジタルマーケティングの専門家でありながら、いまだに営業は苦手なので、既存のお客さんからの紹介で商売が成り立っていますし、とんでもない人と出会って、火傷をするような思いをしたことも数知れずあります。でも、それが「森和吉」という人間なのです。

こんな自分ですが、誇れることもあります。それは、人の心の変化や機微に敏感であるということです。お客さんが言語化しきれない悩みや、伝えたいけれど伝えきれない思いを、全部、私が受け止めます。見込み顧客の心や感情の揺れ動きや微妙な変化に合わせて、最適な施策アイデアを創出するのも、私の得意分野です。「心を動かすこと」が肝なデジタルマーケティングだからこそ、私の細やかな性格がお力になれるのではないかと思っています。

また、どんなご相談にも「はい」か「考えてみます」で返答するのが、私の信条です。自分を頼ってくれたお客さんから受けた相談に対して「いいえ」で答えることは基本的にしていません。自分がお力になれる

ことがあれば、全力でお力になりますし、自分では力不足の場合には、ほかの解決策を考えてお伝えするようにしています。

　もう少し、立ち回りがうまければ、もっと違う人生だったかもしれないと思うことも、正直あります…（笑）でも、人よりもおもしろい経験が豊富な自分も「そんな悪くないぞ」と思っています。「まぁ、それもいいか」と自分自身を納得させる今日この頃です。

　友達はいつでも募集中です。デジタルマーケティングで困ったことがあれば、気軽にXなどで声をかけてください。あなたとつながれることを、心から楽しみにしています。

森　和吉

## 読者特典

最後までお読みいただきありがとうございます。Web集客をさらに加速させるために役立つ「3つの特典」をご用意しました。本書のノウハウと合わせて参考にしてみてください。

〈下記のURLまたはQRコードからアクセスください〉

URL

## https://yoshikazunomori.com/special/

QRコード

パスワード

yoshikazunomori

## 特典内容

「Webサイト運用」
を成功に導く
チェックリスト

知っておくと
便利な
「参考リンク集」

読者限定
「特典動画」の
URL

※特典は予告なく変更・終了する場合がございます。

本特典は、森和吉が実施します。販売書店、取扱図書館、出版社とは関係ございません。お問い合わせはinfo@yoshikazunomori.comまでお願いいたします

森和吉（もり・かずよし）

1970年、青森県八戸市出身。大学卒業後、公務員となるも退職し音楽雑誌社の編集に転職。その後、携帯コンテンツ部門に配属。着メロ、着うたサイトを大ヒットさせ100万人以上が利用するサイトや100以上のコンテンツを立ち上げる。

その後、不動産投資のデジタルマーケティング担当としてヘッドハンティングされ、オウンドメディアでの集客や、不動産投資クラウドファンディングの事業に携わり、1年間で業界最大の20万人という会員数と通算で50億のディールを発生させる。

2019年11月、ライフワークとしてデジタルマーケティングに携わり、人の役に立ちたいと思い起業。コンテンツ立ち上げ後の集客や運用、コンテンツを持っている事業者との「アライアンス業務」、「Webを使った集客」を強みとするウェブ解析士マスター、チーフSNSマネージャー、提案型ウェブアナリスト。

url : https://yoshikazunomori.com/
mail : info@yoshikazunomori.com

日本一詳しいWeb集客術「デジタル・マーケティング超入門」

2023年1月10日　初版発行
2024年8月8日　4刷発行

著　者　　森　　　和　　吉
発行者　　和　田　智　明
発行所　　株式会社　ぱる出版

〒160-0011　東京都新宿区若葉1-9-16
03(3353)2835－代表
03(3353)2826－FAX
印刷・製本　中央精版印刷(株)
本書籍に関するお問い合わせ、ご連絡は下記にて承ります。
https://www.pal-pub.jp/contact